貧困専業主婦

周燕飛

新潮選書

まえがき

「専業主婦」と聞いて、皆さんはどんな人たちを思い浮かべますか？　夫が一流の企業に勤めるサラリーマンで、経済的な理由で働く必要がない。小ぎれいな家に住み、子どもが1人か2人、週に1度は友だちとランチ、趣味も1つや2つは持っている、もちろん料理は得意。いわゆるシロガネーゼのような主婦たち——。ステレオタイプではありますが、多かれ少なかれ、「専業」であることに、うらやむ気持ちを持つのではないでしょうか。

ところが、ある調査結果から、予想もできない「専業主婦」たちがいることが明らかになりました。

私は2004年から、独立行政法人労働政策研究・研修機構（JILPT）という厚生労働省のシンクタンクで、研究員をしています。主な研究テーマは「女性たちの労働」なのですが、2011年に行った「子育て世帯全国調査」という大規模調査の個票を集計・分析して、その結果に非常に驚きました。世帯所得が全世帯の所得の中央値の半分に達していない貧困世帯の割合、いわゆる「貧困率」を専業主婦世帯について計算したところ、なんと12％にも達していたからです。つまり、専業主婦のうち約8人に1人が貧困に陥っているということになり、妻がパートの共働き世帯（貧困率9％）よりも貧困であるということになります。筆者の中で、「専業主婦＝高収入男性の妻」とのイメージが崩れた瞬間でした。

集計結果を厚生労働省の記者クラブに向けてプレスリリースしたところ、メディアから思わぬ反響がありました。記者発表の日（２０１２年2月29日）の翌週から、取材が相次ぎ、「専業主婦の貧困問題」は、「朝日新聞」（同年5月15日朝刊）、「日本経済新聞」（3月28日朝刊）、「西日本新聞」（4月3日朝刊）などで取り上げられ、ＮＨＫ「おはよう日本」（4月6日）でも紹介されることになったのです。

「１００グラム58円の豚肉をまとめ買いするため、自転車で30分走る」「友だちから家庭菜園の野菜をもらう」などなど。また、この調査以外でも、「月１００円の幼稚園ＰＴＡ会費の支払いも渋る」「小学校の、あるイベントの会食費５００円を拒む」などの話も聞きました。

いったい、日本の専業主婦に何が起きているのでしょうか。労働者の世界では、高スキル・高収入の「High-end」と、低スキル・低収入の「Low-end」への二極分化が進んでいると言われていますが、専業主婦層にも、このような富裕層と貧困層の二極化が進行しているのでしょうか。

また、貧困層の専業主婦は実際どのような生活をしているのでしょうか。限られた収入の中で、家族の衣食住をきちんとやりくりできているのでしょうか。子どもの教育費支出や、不慮のための貯蓄は、十分にできているのでしょうか。

伝統的に、日本の専業主婦は、「家事と育児をきちんと行っている」というイメージがありますが、実態は果たしてどうなのでしょう。例えば、専業主婦は家事に長い時間を使っている、育児放棄は少ない、専業主婦家庭の子どもの学業成績は相対的に良い、などと我々は漠然と思っていますが、それらは事実と一致するのでしょうか。

それから、我々の多くは、専業主婦は仕事をしている既婚女性よりも幸せだというイメージを持っていると思います。しかし、経済的ゆとりがない状況下においても、専業主婦は幸せで良好な家庭を築けているのでしょうか。

貧困層の専業主婦がどのような環境から生まれているのかという点も大変興味深いところです。常識的に考えて、たとえ最低賃金であっても働きに出た方が経済的に楽なのに、彼女たちが専業主婦を選ぶのはなぜなのか。貧困家庭の女性は、自ら進んで専業主婦になったのか、家族の期待に応えるためなのか、仕事が見つからずにやむなく専業主婦になったのか。日本女性を専業主婦モデルにしがみ付かせるような文化的ルーツや制度的仕組みが、存在しているのかもしれません。

決して少なくない数の「貧困専業主婦」が生まれている現状は、社会全体にとっては望ましいことなのかという点も、改めて考える必要があります。女性が「眠れる人材の宝庫」と呼ばれ、「女性活躍が日本経済を救う」とも叫ばれている中、「貧困なのに専業主婦」の人々がいることは、やや不自然な感じがいたします。各個人が選ぶ部分最適の結果（つまり「専業主婦」という選択）が、社会全体の最適とは異なるという「社会的ジレンマ」が、専業主婦の中で貧困層を生む事例にも当てはまる可能性があります。

最後に、「貧困なのに専業主婦」というジレンマを解消するために、どのような環境整備・施策が必要なのかという点も重要なテーマです。そもそも貧困専業主婦は、働こうという希望を持っているのでしょうか。持っている場合には、どのような就業形態を望み、どのような雇用条件を求めているのでしょうか。働く希望を持つ貧困専業主婦の労働参加を阻害している「社会的な障壁」が存在しているのでしょうか。

専業主婦の貧困問題については、これまでほとんど調査・研究が存在しておらず、知られていないことがあまりにも多い状況です。本書では、2011年から2016年までの間で4回にわたって、JILPTが行った「子育て世帯全国調査」（以下「JILPT調査」と呼びます）をもとにして、そして独自の取材も行い、上記に挙げた多くの疑問点について、ひとつずつ解き明かしていこうと思います。

貧困専業主婦　目次

貧困専業主婦

第1章　ルーツ

「専業主婦」への憧れ

社会保障や労働問題の専門家である清家篤《せいけあつし》教授（慶應義塾大学塾長、当時）は、2014年に都内で行われたある講演会において、子ども時代に見たアメリカの専業主婦家庭について、次のように語っています。

「〈前略〉私が子供だった1960年代頃、日本ではアメリカのドラマがたくさん輸入されていました。その中でも、『パパは何でも知っている』というホームドラマはとくに人気でした。ドラマのシチュエーションは、次のようなものです。夕方になると芝生の生えた庭付きの家にお父さんが大きなアメリカ製の車で帰ってきて、専業主婦のお母さんがローストビーフかなんかを焼いてくれていて、その手料理を囲んで一家が賑やかな夕餉《ゆうげ》の時間を過ごす〈後略〉」(1)

庭に緑の芝生があるマイホーム、大きくてかっこいいアメ車、カラーテレビ、冷蔵庫、洗濯機、オーブンなどの電化製品に囲まれるアメリカンスタイルの家庭、そしてその中心にいる専業主婦は、戦後から高度経済成長期にかけての日本人にとって、まさに憧れの存在でした。もっとも、この憧れのライフスタイルはその後、日本風にややアレンジされ、次のような家庭像を多くの人々が追い求め、実現してきたと言えます。

都会の近郊でのマイホーム、夫婦と子どもだけの核家族。夫は正社員として、家族のために会社でモーレツに働き、妻は給料日に夫から分厚い給料袋を渡され、それを唯一の収入として家計を管理する。妻は、家族のために栄養バランスに配慮した手料理を作り、家事と育児を担当する一方、余暇を使った趣味を楽しむ。休日ともなると、夫は公園で子どもたちとキャッチボールをし、夜は妻の手料理を囲んで、家族団らんを楽しむ……。

いつしか、家族の中にこのような「専業主婦」のいるライフスタイルは当たり前の暮らしとなり、我々の生活の中に、深く根付くようになりました。とくに1960年代から80年代の日本は、「専業主婦」にとって、もっとも幸せな時代だったと思います。水洗トイレ、風呂、ダイニングキッチン、ベランダなどを取り入れた近代的な団地住宅が60年代以降に数多く作られ、右肩上がりの昇給と、昇進が期待できる会社員男性を夫に持ち、姑とも同居せずに自由気ままに、少ない数の子どもを育てることができたからです。

読売新聞が62年に東京と大阪の団地に住む2000世帯を対象に行った調査によれば、現在の生活に対して「まあ満足」という回答をした専業主婦が、最も多い割合となっていました[2]。

「専業主婦」の由来

そもそも「主婦」という言葉が日本で一般的に使われるようになったのは、大正初期ごろ（1910年代）と言われています[3]。はじめは、都会に新しく誕生した中流階級、サラリーマンなどの「新しい家庭」の妻（「奥さん」）の総称として使われていましたが、その後、次第に商家や農家の「おかみさん」も広く指す言葉となってゆきました。

この時代、家庭の外で働き、賃金を得る女性はまだ少なかったため、「主婦」と言えば多くは農業や商業など、家業における働き手でした。豪農や大商家の主婦ともなれば、妻は夫と同格の共同経営者と言えました。それより前の明治時代では、8割の女性が農山漁村に住んでいて、主婦たちもみんな家業の働き手でした（藤井治枝『日本型企業社会と女性労働』）。

このように、明治、大正、戦前の昭和時代を通じて、妻は夫と伴《とも》に生活を支え、家計のために働くのが一般的で、いわゆる「共働き家庭」であったと言えます。このため、わざわざ「主婦」に「専業」という枕詞を付ける必要性はなかったのです。

それでは「専業主婦」という言葉はいつ頃できた言葉なのでしょうか。実はこれは、第二次世界大戦後にできた比較的新しい言葉でした。

戦後、家庭の中で育児と家事に専念する主婦が増えたことで、彼女たちをとくに「専業主婦」と呼んで、家計を支えるために働く主婦と区別するようになりました。戦後まもなく、国家運営はGHQの手に委ねられ、アメリカの法律や制度だけではなく、アメリカ式の暮らし方までもが、日本に輸入されることになりました。この章の冒頭で紹介した「パパは何でも知っている」というホームドラマもアメリカの文化輸出の一例でした。当時のアメリカで一般的であった「Housewife= 専業主婦」というライフスタイルも、映画やドラマなどを通じて日本にどんどん紹介され、日本人の憧れの存在となってゆきました。

性別役割分業文化のルーツ

日本における「専業主婦」の形成は、戦後、比較的短期間に行われたものと言えますが、それを受け入れるための文化的・思想的素地は、明治以前からすでに存在していました。江戸時代の封建体制を打ち破り、日本に近代産業社会の誕生をもたらした明治政府ですが、人々の頭の中では女性に「嫁《か》して主人に仕え、男の子を産み育てる」ことを期待される武士的家庭観が、社会通念としてまだまだ残されていたと思われます。明治政府もまた、旧来の武士的家庭観を改めることなく、殖産興業や富国強兵策の一環として、「良妻賢母」の教育を一層強く推し進めました（藤井治枝、前掲書）。

たとえば、明治32（1899）年に施行された「高等女学校令」によって、女子にも中等教育の機会が与えられましたが、男子の通う中学校に比べ、女子の通う高等女学校の教育内容は、「良き家庭の運営者たる能力」に重点がおかれています。高等女学校では、国語、外国語、数学などの教育に当てられる時間が少ない一方、中学校にはない家事、裁縫、教育、手芸という家庭科の科目が設けられていました（【表1－1】。以下、本書で扱うデータは四捨五入の関係で合計が必ずしも一致しない）。

当時、文部大臣であった菊池大麓《だいろく》が、明治35（1902）年2月、全国高等女学校長会議で行った訓示の中で、「一家の主婦となって良妻賢母たることが、即ち、女子の天職である」と述べたことは有名な話です。女子教育は「良妻賢母」を養成するとの教育方針は、大正期の臨時教育会議、昭和期の教育審議会など、教育政策を検討する場でも連綿と引き継がれ、第二次世界大戦後まであまり変わることがありませんでした。

こうした「良妻賢母」教育の根幹となっているのは、「男女役割分業」の規範と言えます。明治期から昭和初期までの日本人の経済活動の主な拠点は、「会社」ではなく「家」でした。「家」の統率者として戸主《こしゅ》（主に父親がその役割を果たす）があり、戸主は家族に対して様々な決定権を付与されていました。成人男性には、労働によって一家を養う役割が期待されていた一方、女性には職分として「家庭内の役割」を担うことが期待されていたのです。

【表1－1】 学科および年間授業時間数の比較：高等女学校 vs. 中学校

高等女学校（4年制）－1903年			中学校（5年制）－1902年		
科目名	時間数	%	科目名	時間数	%
修身	8	6.7%	修身	5	3.5%
国語	22	18.3%	国語・漢文	33	22.9%
外国語	12	10.0%	外国語	33	22.9%
地理	5	4.2%	地理	6	4.2%
歴史	6	5.0%	歴史	9	6.3%
数学	8	6.7%	数学	20	13.9%
理科	7	5.8%	博物・物理・化学	14	9.7%
図画	4	3.3%	図画	4	2.8%
家事	4	3.3%	法制・経済	2	1.4%
裁縫	16	13.3%			
音楽	8	6.7%	唱歌	3	2.1%
体操	12	10.0%	体操	15	10.4%
教育	2	1.7%			
手芸	6	5.0%			
合計	120	100.0%	合計	144	100.0%

出典：総合女性史研究会編（2000）『史料にみる日本女性のあゆみ』（吉川弘文館）142-144 頁を改編。構成比の数値は、四捨五入の関係で、総計と内訳の合計が一致しないことがある。以下、同じ。

明治から戦後まで続いた家庭観

明治時代は、繊維産業の隆盛に伴い、製糸、紡績、織物工場などにおいて、女性労働者のニーズが急速に増加していたものの、長時間労働や低賃金など、劣悪な労働環境であったため、その担い手は、貧農家庭の単身女子が中心でした。昼夜交替24時間操業が多くの工場で定着したのもこの時期です。健康が極度に損なわれる女工が多く、明治10年代から、いわゆる「女工哀史」として知られる状況が生まれていました(4)。

主婦たちは、「家」で子育てと家事を共同で担う傍ら、農業や商業などの家業の手伝いをするのが一般的でした。

その後、第一次世界大戦による「大戦景気」に沸いた大正デモクラシーの時代（１９１０年代〜20年代）になり、女性の職業分野が多様化し[5]、「家」の外で賃金労働を行う女性が一時的に増えました。女性教師や女医など、家族や女中に家事と育児を任せて、夫と対等な賃金収入を得る職業婦人が注目される存在となったのです。しかし、昭和４（１９２９）年に始まる昭和恐慌を引き金に、日本では全体主義的な風潮が増し、日中戦争や第二次世界大戦につながる時代の中で、より徹底した良妻賢母教育や、家族制度の強化へと政策が引き戻されていったのです（藤井、前掲書）。

第二次世界大戦後、旧憲法下の伝統的な「家」制度が改められ、新憲法においては男女平等と夫婦の同権が認められました。それにもかかわらず、性別役割分業観は社会通念として生き続け、女子教育の基本に据えられ続けてきました（金森トシエ・北村節子『専業主婦の消える日』）。１９７４年から導入された高校家庭科の「女子のみ必修化」は、その象徴的なできごとでした。１９９４年に家庭科の男女共通科目が実施されるまで、今では信じられないことですが、女子のみが家庭科の４単位必修を求められ続けていたのです。94年といえば、たった25年前のことです。78年生まれ（２０１９年現在40〜41歳）以前の世代は、すべてその影響を受けていたことになります。

江戸時代、あるいはさらにその前から続く武士的家庭観は、明治維新、大正リベラリズム、全体主義的な戦時体制、および戦後の民主主義教育体制を経て、その価値観の根幹部分、いわゆる「男女役割分業」規範が変更されることなく、今日まで連綿と続いてきました。その結果、日本人における「男女役割分業」の意識は、今でも他の先進国に比べて非常に強いと言えます。

一例として、日本、韓国、アメリカ、フランスとスウェーデンの5カ国の20〜49歳男女を対象とした2005年度の内閣府「少子化社会に関する国際意識調査」をみてみましょう。この調査では、「夫は外で働き、妻は家庭を守るべきである」という考え方に対する賛否を尋ねていますが、「賛成」と「どちらかといえば賛成」を合わせた割合は、スウェーデンが9%、フランスが26%、アメリカが43%であるのに対し、日本は57%にも上っています(6)。

典型的家族へのモデルチェンジ

ところで、伝統的に「男女役割分業」の意識が強かった日本社会において、高度経済成長期になるまで「専業主婦」モデルが確立しなかった理由は何でしょうか。

既に述べたように高度経済成長期以前の日本社会においては、農業や自営業などが一般的であり、女性は家業として重要な働き手である一方、「家」の外で収入を得る機会がきわめて限られていました。また、三世代同居が主流だった「家」の中では、家事・育児を手伝う別の年長女性(主に祖母)がいたため、妻は家事・育児に完全に専念する必要はありませんでした。

それが高度経済成長期になり、家族形態が「夫婦共働き」から「専業主婦」へのモデルチェンジをした理由は社会基盤・経済基盤の変化にあったと考えられます。具体的に、①「総中流化」、②「職住分離」、③「核家族化と家族協力体制の弱体化」および④「家事・育児の内部化」という4つの要件変化が重要であったと思われます。これらの要件がすべて揃ったからこそ、日本社会は、本格的な「専業主婦」時代を迎えることになったのです。

それでは順番に、その4つの要件変化を見ていきましょう。

① 総中流化

第一に、戦後の財閥解体と「高度経済成長」を経て、日本は「総中流社会」に移行したことが重要です。1955年から73年までの18年間のあいだに、日本は年平均10%近くの経済成長を遂げ、そして68年には国民総生産（GNP）が、当時の西ドイツを抜き世界第2位の経済大国になりました。高度経済成長によって、日本人の平均所得は右肩上がりに増加し、所得格差の改善に成功しました。

この時代、自動車運転手や守衛など、ブルーカラー層でも平均賃金が上昇し、都市勤労世帯の平均支出の8～9割に達していました（【図1－1】）。幅広い職種において、夫である男性の給料だけで、一家を養うことができるほどの所得水準に達したのです。このことは、1970年代当時、日本人の約9割が自分の生活水準を中流程度（「中の上」「中の中」「中の下」を合わせた回答比率）と認識していたことからも窺えます（内閣府「国民生活に関する世論調査（各年）」）。

② 職住分離

第二に、産業構造の変容によって、労働者の「職住分離」が進展したことも「専業主婦」モデ

【図１－１】男性比率の高い職種の月あたり現金給与額平均（都市勤労者世帯の実支出月額平均＝100、1955-1970年）

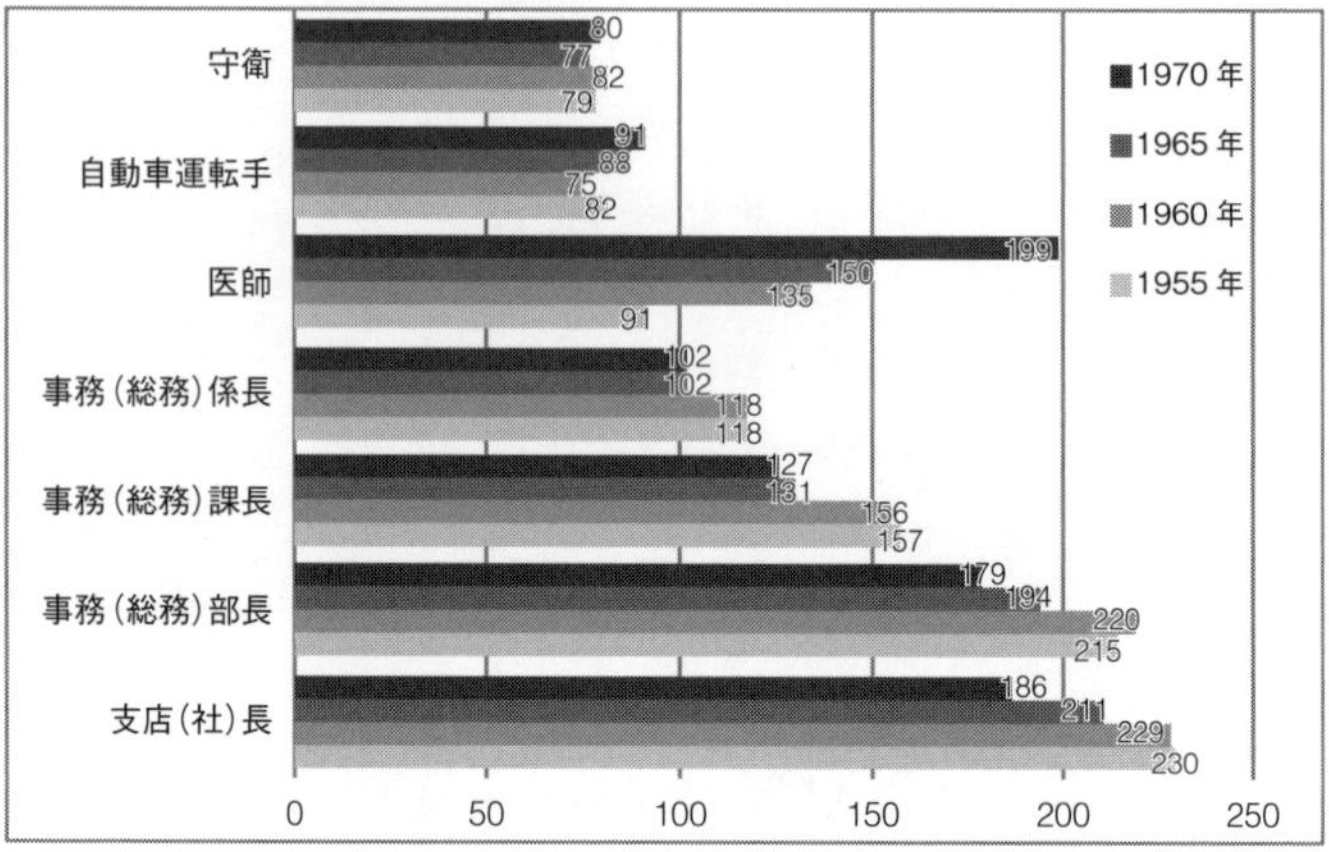

出典：総務省「家計調査」（各年）、人事院「職種別民間給与実態調査の結果」（各年）より筆者作成。

ルの確立に重要な役割を果たしました。

日本の就業者に占める農林業・自営業の割合は、１９５３年に６割でしたが、70年には４割、90年には３割まで低下しました。[7] 拠点が「家」だった農業・自営業時代においては、男女が役割分業する必要性は生じません。性別を問わず生産能力があれば労働力として動員されていました。「女性だから」という理由だけで生産活動から排除すると、社会にとっても家庭にとっても「経済的損失」となります。

一方、生産活動の拠点が家の外（「会社」）に移ると、日中の多くの時間帯、親が家に不在となりますから、働きながら子どもの面倒をみたり、家事をしたりすることができなくなります。「職住分離」によって、働く人と家で家事・育児をする人を分ける必要が生じてきたのです。

③　核家族化と家族協力体制の弱体化

第三に、都市化と核家族化の進展により、家族の協力体制が弱体化してきたことも1つの要因でした。日本では、三世代同居世帯の割合が1970年代までは15％程度と高かったものの、その後徐々に低下し、2005年には10％ほどまでに低下しています（総務省「国勢調査」）。都市化により農村から都市に移住した若年世代は、親世代と離れたところで居住するケースが増え、年長の女性家族に家事と育児を支援してもらうことが難しくなりました。

④　家事・育児の内部化

第四に、所得格差の縮小と保育所の不足により、家事・育児サービスを家庭の外部から調達することが難しくなったことも、専業主婦化が進んだ原因と考えられます。

戦前、一大職業集団だった女中や家政婦は、所得格差の縮小や就業機会の増加とともに、家庭の中から姿を消し、会社で働くようになっていきました。また、この時代に既に始まっていた保育所の不足も重要な要因と考えられます。児童福祉法が施行された1948年以降、保育所の数と入所定員は年々増えていったものの、既に高度経済成長期から、保育所の供給増は常に需要増に追いつけない状態でした。

厚生省が1966年に打ち出した「保育所緊急整備5か年計画」では、その後の5年間で保育所定員が約30万人不足することが推定されていました。厚生省によれば、「専業主婦」モデルが全盛だった70年代頃では、保育所入所希望者のうち、入所できたのはわずか2人に1人に過ぎません。待機児童問題は既にこの頃から生じていたのです。

しかし、この時代、運営費用のほとんどを公費によって賄っている認可保育所は、やむを得ず働く母親の「保育に欠ける児童」を保育するための〝福祉施設〟と位置づけられ、生活に困っていない家庭の女性が、社会で活躍するためのサービスとは考えられていませんでした[8]。

以上、この4つの要件が揃った結果、高度経済成長期に日本の「専業主婦」は大きく花開きます。アメリカではニューディール政策が導入された1930年代に、経済恐慌から経済復興への軌道修正とともに専業主婦化が起きました[9]。一方、日本では「所得倍増計画」が始まった60年代に、「専業主婦」モデルが本格化してきます。69年に労働省婦人少年局が行った「主婦の就労に関する調査」によれば、勤務経験のある主婦の8割以上が結婚退職（52％）または出産退職（32％）しており、大半の女性が、少なくとも一時期、専業主婦となっていたことがわかります。

陰の主役

日本の高度経済成長を担ったのは、もちろん、都市部でモーレツ社員をしていた世帯主の男性です。しかし、同時に、その陰の主役を演じていたのは、実は「専業主婦」の女性たちだったと考えられます。日本の専業主婦は、家事、子どもや夫の世話、家族の介護、学校や地域社会の見守り役などの無償労働を黙々とこなす夫の「サイレントパートナー」として、高度経済成長期の先兵であった夫たちを支えていました。

日本の主婦は、家事への時間とエネルギー投入が、他国に比べてずばぬけて高いことが知られています。例えば、日用品メーカーのP&Gが、子どもを持つ20代から50代の既婚女性（日本1000人、米国と中国都市部各300人）を対象に行ったインターネット調査（2009年）によれば、料理と食器洗いのいずれも「1日3回以上行う」と回答した主婦の割合は、日本では56%に上りますが、米国では26%、外食の多い中国では15%しかありません。

日本の主婦は、家事の質へのこだわりも強いと言えます。日本の主婦によって作り出される「お弁当の美学」はしばしば海外でも話題になっています。手作りがモットーで、野菜が多く栄養バランスもよく、色鮮やかな弁当は、「クールジャパン」とも称され、日本独特の文化と言えるでしょう。家事の質への期待が非常に高いため、外食サービスの充実や省力化家電の導入があっても、主婦の家事時間はほとんど減少しないのが現状です（筒井淳也『結婚と家族のこれから 共働き社会の限界』）。

子育てに関しても、日本では主婦が「自らの手」で行うことが重んじられています。先に紹介した2005年度の内閣府「少子化社会に関する国際意識調査」では、「子供が3歳くらいまでの間は、保育所等を利用せずに母親が家庭で子供の世話をするべきである」という考え方、いわゆる「三歳児神話」について、肯定的な意見（「賛成」と「どちらかといえば賛成」の合計）を持つ日本人の割合は、68％にも達しています。[10] 1960年代以降、「3歳までは母親による自宅保育、3～5歳は幼稚園」という子育てコースが、日本では標準的なモデルとなりました。

文部科学省によれば、幼稚園就園率のピーク時（1979年）には、4歳児童の51％、5歳児童の66％が幼稚園に在籍していました。[11]「預かり時間が1日平均4時間、夏休みは原則自宅保育」という子育てスタイルは、「専業主婦」以外のキャリアコースから事実上、女性を排除する結果となりました。

夫の健康維持やリフレッシュへの環境づくりも、海外では話題を集めるほど、日本の主婦には、ハイレベルなものが期待されています。

「夫の出社、帰宅に合わせて食事を準備し、食事の合間にお酒や果物、お茶まで給仕します。都合を聞いて風呂を用意します」――読売新聞の婦人と生活面投書欄（1956年5月7日）に記されたある女性の日常は、かつては日本のどこにでもありそうな専業主婦の姿でした。このような、夫に献身的な日本人妻は、外国では「憧れの的」とされることがあります。例えば、筆者の出身地の中国では、アメリカ式の豪邸、中国人のシェフ、ドイツの高級車と並んで、日本の専業主婦の妻が、男性たちの憧れとして語られています。

専業主婦は、家族介護の主な担い手でもあります。生命保険文化センターが1987年に夫が

40～50歳代の夫婦を対象に行った調査[12]によれば、妻の55％が現在または過去において、自分または配偶者の親を介護しています。そのうち、36％がつきっきりか、半日以上の介護時間となっている重い要介護者です。その後、２０００年に介護保険制度が導入されたものの、女性の介護負担はそれほど軽減されていません。ある研究では、介護保険制度の導入前後（96年と２００６年）における女性介護者の介護時間の比較を行ったところ、高学歴グループのみ介護時間の短縮効果が認められたものの、それ以外のグループでは顕著な変化がみられませんでした[13]。

そのほか、専業主婦は、地域社会を支える主な担い手としての役割も期待されています。幼稚園や小学校のＰＴＡは日中の集まりが多く、専業主婦を前提としている仕組みとなっています。ＰＴＡの活動に限らず、専業主婦は地域の環境を守るボランティアや、地域住民の相談相手である民生委員・児童委員の担い手にもなっています。また、町内会、自治会、地域婦人会などの組織の一員として、行事などの催しに参加する者や、福祉ボランティア、消費者運動、緑を守る運動や選挙のボランティアなど、特定目的の活動に取組む専業主婦も大勢います（金森・北村、前掲書）。

このように、家事、子どもや夫の世話、家族の介護、学校や地域社会の見守り役など、幅広い無償労働の分野において、家族から、企業から、学校から、そして社会から、専業主婦には大きな役割が期待されてきました。そして、主婦自身も夫の「サイレントパートナー」として、夫の生産活動に寄与してきました。

日本的経営の４種目の神器？

アメリカの経営学者であるジェイムズ・アベグレンは、今では古典となった著書『日本の経営』（1958年）において、終身雇用、年功序列賃金と企業別労働組合が日本的経営の「3種の神器」であることを発見しました。しかし、仮にアベグレン氏が当時、企業調査に止まらず、日本人の社会や家庭調査も同時に行っていたとしたら、「専業主婦」を、あるいは第4の神器に挙げていたかもしれません。夫の「サイレントパートナー」だけではなく、男性正社員の終身雇用を守るための雇用調整弁（バッファー）としても、専業主婦は重要な役割を果たしてきたからです。

高度経済成長期においても、多くの景気循環が繰り返されてきました。内閣府のまとめによれば、1950年からバブル経済崩壊までの40年あまりの間に、日本経済は11回の景気循環を経験しています[14]。そのうち、第2次石油ショック後の第9次景気後退期（80年2月～83年2月）や、地価下落とバブル崩壊後の第11次景気後退期（91年2月～93年10月）など、景気後退が数年にわたって長引く時期もありました。

景気が悪くなると、企業はコスト削減のために雇用調整を余儀なくされます。欧米諸国では、経験の浅い若手社員や賃金が割高な中高年社員から順に、レイオフ（一時帰休）が行われることが一般的です。それに対して、日本企業のほとんどは、男性正社員の解雇はなるべく行わずに、景気後退期を乗り越えてきました。採用抑制や残業の調整とともに、日本企業の「秘密兵器」の1つは、主婦パートの存在でした。

労働市場とは完全に離れてしまう1960年代のアメリカの専業主婦とは異なり、日本の専業主婦は、出産や育児などで一旦正社員から離職するものの、子育てが一段落した後は「主婦パート」として再就職するのが一般的でした。勤務経験のある主婦の8～9割が一旦は専業主婦となる「専業主婦ブーム」であった70～80年代においてさえ、実はパートとして再就職する割合は高まっていたのです。例えば、女性雇用者に占める主婦（既婚者）の割合は、55年にはわずか21％でしたが、75年では51％、85年では59％となっており、専業主婦世帯の普及とともに、この割合は増加してきました（【図1－2】）。

「4低1高」の主婦パート

この主婦パートは、景気後退期の重要な雇用調整弁になっています。日本の主婦パートの特徴は、「4低1高」に要約することができます。つまり、「低賃金」「低（常用化）要望」「低（権利）意識」「低組織化」「高素質」です。[15]

主婦パートの時間あたり賃金は、同年代の男性正社員に比べてはるかに低く、高卒初任給と比較しても劣る傾向にあります。一方、主婦パートは職業経験や高学歴という観点から見て、むしろ高卒若年労働力を上回る良質な労働力です。「低賃金」と「高素質」を兼ねる「主婦パート」

【図１－２】 女性雇用者に占める既婚者の割合の推移
（%、1955-2011年）

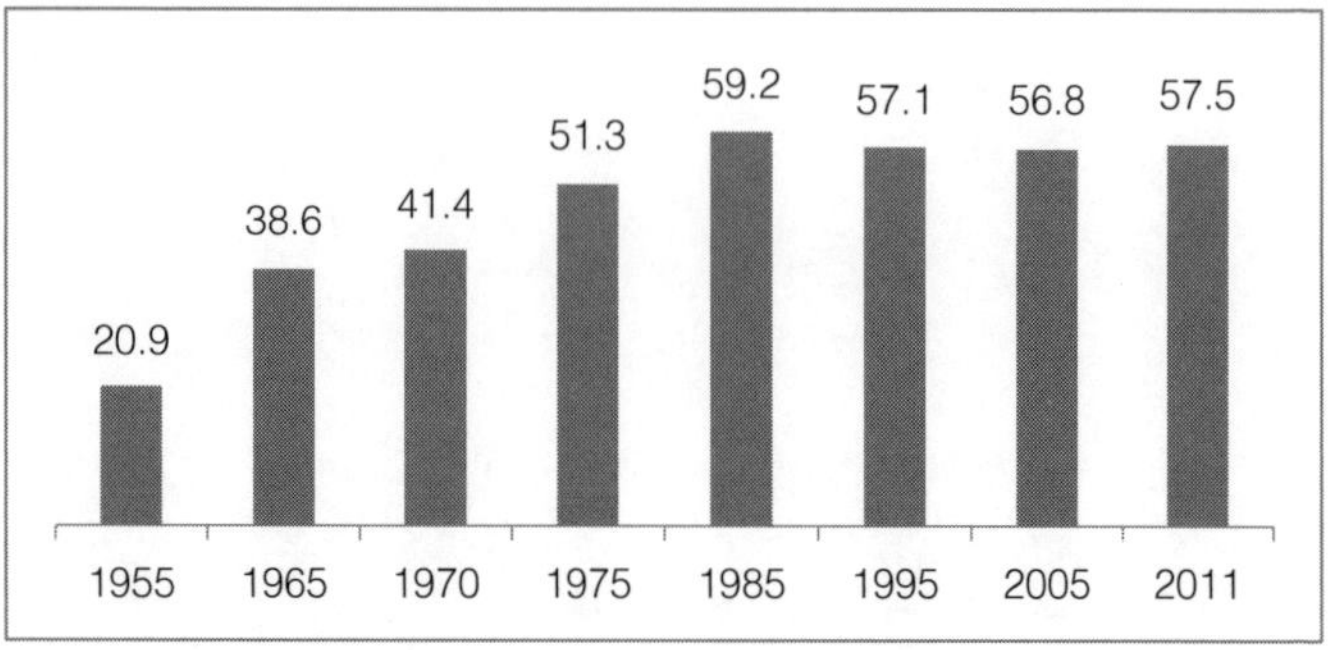

出典：1955年は「国勢調査」、その他は「労働力調査」（いずれも総務省統計局）の数値である。

を、臨時的労働力ではなく、恒常的労働力としてどんどん雇い入れる企業は、当然ながら増えるはずです。

しかし、主婦パートは、「低要望」「低意識」と「低組織化」の労働力でもあります。単身女性や男性の臨時工に比べて、主婦パートは常用化への要望が極めて低いことが特徴です。家庭生活との両立や職業意識の低さから、正社員転換を希望しない主婦パートがほとんどだからです。また、主婦パートは一般に権利意識が弱いので、単身女子に比べて、企業の意思に従順で管理しやすいと言われています。

さらに、日本的経営の３種の神器の１つである「企業内労働組合」は、正社員が主な対象であり、主婦パートは組織化の対象から除外されてきました。そのため、企業は景気後退期に主婦パートを雇用調整する際、労働者本人や労働組合から抵抗されることがほとんどありません。正社員の人員整理時に発生する高額な早期退職割増金や、過去の労働判例から確立された整理解雇4要件（人員整理の必要性、解雇回避努力義務の履行、被解雇者選定の合理性、解雇手続の妥当性）のクリアも必要なく、低コストでスムーズに雇用調整を行うことができるのです。

企業にとってのありがたさ

専業主婦は家庭だけではなく、職場においても男性正社員を守る存在だったのです。主婦パートが男性正社員の終身雇用を守るための雇用調整弁だったことを、間接的に説明するデータがあります。景気拡張期と景気後退期における男女別非労働力人口（働く意思を持っていない人の数）の変化です。男性の非労働力人口が、景気循環の変動とはほぼ無関係に動いているのに対して、女性の非労働力人口（月平均）は、景気拡張期に比べて、景気後退期では高くなっています（【表1－2】）。

例えば、第2次石油ショック前（72～79年）においては、景気後退期の月平均女性非労働力人口は、景気拡張期に比べて30万人も多くなっています。景気が悪くなると、主婦パートの一部は労働市場から締め出され、専業主婦に戻っていったことが分かります。このような傾向は、バブル経済崩壊前まで続いていました。

このように、モーレツ男性正社員の「サイレントパートナー」として、そして雇用の調整弁として、「専業主婦」はかつての日本的経営にとっても、大変都合の良い仕組みでした。第8章で

【表1－2】景気拡張期／後退期の男女別月平均非労働力人口の比較（万人、1972-2012年）

	男性（15-64歳）			女性（15-64歳）		
	景気拡張期(B)	景気後退期(D)	D-B期変化	景気拡張期(B)	景気後退期(D)	D-B期変化
第2次石油ショック前(1972.7〜1979.12)	549.0	547.9	-1.2	1866.6	1896.3	29.6
プラザ合意前(1980.1〜1985.12)	625.0	608.0	-16.9	1847.6	1869.4	21.8
バブル経済崩壊前(1986.1〜1990.12)	715.4	675.3	-40.2	1855.9	1861.4	5.5
バブル経済崩壊後Ⅰ(1991.1〜2000.12)	655.5	664.7	9.2	1774.6	1770.1	-4.5
バブル経済崩壊後Ⅱ(2001.1〜2012.12)	639.8	630.0	-9.8	1601.8	1584.7	-17.0

出典：総務省統計局「労働力調査長期時系列データ（全国、月次）」より筆者算出。社会的出来事についてはおおよその時期。
景気拡張期／後退期の定義は、内閣府の景気基準日付と同じ。

詳しく述べますが、戦後に作られた新しい税制度や社会保障制度においても、この「専業主婦」モデルを補完、強化するための様々な仕組みが作られ、ますます強固なモデルが作り上げられました。

それゆえ、「専業主婦」モデルに行き詰った時には、その打開がとりわけ難しいのです。日本に「専業主婦」が成立したのは、高度経済成長期以降、わずか半世紀ほどのことであることはすでに述べた通りです。早い段階で工業化した欧米の先進国に比べ、日本の「専業主婦」は、はるかに遅く始まり、急速に浸透したライフスタイルと言えます。それにもかかわらず、経済環境の変化に応じた「共働き」モデルへの移行が、アメリカや北欧諸国では順調に進みましたが、日本は今も、不都合となった「専業主婦」モデルから抜け出せないままでいます。

（1）内閣府経済社会総合研究所主催「経済における女性の活躍に関する共同セミナー」（2014年3月5日）議事録より大意。
（2）「平和と繁栄の城」とタイトルを掲げた『読売新聞』社会面の連載記事（1962年1月）。金森トシエ・北村節子（1986）『専業主婦の消える日』有斐閣、115〜116頁。
（3）本節は、筒井淳也（2016）『結婚と家族のこれから 共働き社会の限界』（光文社新書）と藤井治枝（1995）『日本型企業社会と女性労働』（ミネルヴァ書房）を参考にしながら筆者が整理した。
（4）村上信彦（1971）『明治女性史　中巻後篇』理論社、127〜195頁。
（5）例えば、大正2（1913）年に、『婦人之友』は、早くも女性の職業をまとめて紹介した。そこでは、タイピスト、速記者、歯科医、薬剤師、事務員、簿記係、電話交換手、電信係、小学校教員、音楽教師など、非肉体労働の職種が注目されていた。村上信彦（1983）『大正期の職業婦人』ドメス出版、22〜23頁。
（6）内閣府「少子化社会に関する国際意識調査報告書」（2006年3月）。
（7）筒井（2016）が総務省統計局「労働力調査長期時系列データ」表4、5のデータより算出。
（8）横山文野（2002）『戦後日本の女性政策』勁草書房、110〜114頁。
（9）H.Boushey（2016）*Finding Time: The Economics of Work-Life Conflict*（Harvard University Press）p.27

（10）韓国が86％、アメリカが63％、フランスが47％、スウェーデンが32％となっている。
（11）文部科学省「教育白書（各年）」。
（12）「老後生活と介護に関する調査」生命保険文化センター、１９８７年12月。数値は東京大学社会科学研究所データアーカイブより。
（13）菅万理・梶谷真也（２０１４）「公的介護保険は家族介護者の介護時間を減少させたのか？――社会生活基本調査匿名データを用いた検証――」『経済研究』Vol.65(4)、３４５～３６１頁。介護保険制度の導入による、家族介護者の負担軽減に関する既存研究の詳しいサーベイは、鈴木亘（２０１６）「介護保険施行15年の経験と展望：福祉回帰か、市場原理の徹底か」RIETI　PDP16-P-014を参照。
（14）内閣府の景気基準日付。
（15）藤井治枝、前掲書、１１１頁。

第2章　行き詰り

「専業主婦」モデルが意外にも健在

「国際的にみると、日本は今でも専業主婦の多い国である」と言われると、驚く読者が多いかもしれません。確かに、日本は以前と比べるとずいぶん共働き世帯が増えている印象があります。筆者自身も、この研究を始める前までは、日本はすでに共働き社会に移行した国だと思っていました。日本の家庭で専業主婦が主流だったのは昔の話で、現在は少数の裕福な家庭に限られていると思い込んでいたのです。

共働き社会への移行を示す根拠として、しばしば引用されるのが総務省統計局「労働力調査特別調査」です。この調査によれば、専業主婦世帯数は、1997年頃にすでに共働き世帯に逆転されています。2016年時点で、夫が雇用者である世帯に占める専業主婦世帯の割合は37％までに低下し、1980年に比べて28ポイントも下がっています(1)。

しかしながら、これは見方を少し変えれば、「専業主婦」モデルの健在ぶりを示すデータでもあることが分かります。まず、「専業主婦」の定義をもう少し緩く設定してみましょう。前述のように、日本には、主婦パートとしてある程度の労働復帰をする専業主婦が昔から多く存在しています。彼女たちのメインの活動は家事や育児で、その傍らでパートとして仕事をしています。これら「主に仕事」をしているわけではない妻を「準専業主婦」と定義してみましょう。

2015年の国勢調査によれば、この準専業主婦を加えて広義の「専業主婦」とすると、その数は全体（15〜64歳）の63％を占めており、共働き世帯の数を上回ります。6歳未満の子供のいる家庭に至っては、専業主婦の女性と準専業主婦の女性がそれぞれ全体の51％と23％を占めており、労働市場に本格的にコミットする「キャリア主婦」は4人に1人程度しかいません（【表2−1】）。

「主に仕事」をしている主婦は、学校在学中の年齢層（15〜19歳）を除くすべての年齢層において、30〜40％前後であり、年齢層による変化はわずかしかみられません。つまり、労働市場に本格的にコミットするキャリア主婦は、いずれの年齢層においても、3人に1人程度しかいないのです。現在でも、日本の大半の主婦は、完全な専業主婦とパート主婦（準専業主婦）の間を行き来しているのです。

したがって、「働く主婦の人数が専業主婦より多いから、専業主婦が少数派になった」という結論を出すのはやや拙速でしょう。労働市場に本格的にコミットする、いわゆる「主に仕事」を

【表2－1】雇用者世帯における妻の就業率（%、2015年）

妻の年齢	全体				（再掲）6歳未満の子供あり			
	就業率	主に仕事	家事・通学のかたわら仕事	休業者	就業率	主に仕事	家事・通学のかたわら仕事	休業者
15〜19歳	27.4	13.5	12.0	2.0	16.1	5.3	9.3	1.5
20〜24歳	49.4	29.2	15.2	5.1	32.2	13.1	13.7	5.4
25〜29歳	60.1	37.7	15.7	6.7	44.1	20.2	15.2	8.7
30〜34歳	60.4	35.8	18.5	6.1	49.2	25.3	16.3	7.6
35〜39歳	63.9	36.3	24.4	3.2	51.1	27.9	18.2	5.1
40〜44歳	69.8	37.7	31.1	1.0	51.6	29.4	19.4	2.8
45〜49歳	73.5	39.4	33.6	0.4	52.3	30.9	20.4	1.0
50〜54歳	73.0	41.3	31.3	0.4	54.2	31.0	22.2	1.1
55〜59歳	67.7	39.7	27.5	0.5	54.6	35.6	17.7	1.3
60〜64歳	56.5	30.4	25.5	0.5	45.4	28.8	15.4	1.3
15〜64歳	66.5	37.4	27.2	1.9	49.0	25.8	17.3	5.9

出典：総務省統計局「国勢調査2015」（第21表）より筆者作成。労働力状態「不詳」を含む集計結果。

している主婦は、1970〜80年代も今も変わらず少数派なのです。

「幼稚園コース」が今も主流

前記の国勢調査の結果を裏付けるデータが、「平成27（2015）年度文部科学白書」にも掲載されています。それは、幼稚園在籍率の推移です。なぜならば、「預かり時間が1日平均4時間、夏休みは原則自宅保育」という幼稚園コースでの子育ては、専業主婦の妻を前提とした仕組みとなっているため、幼稚園コースを選んだ子どもの割合は、未就学児童のいる家庭の専業主婦率とほぼ一致するはずだからです。

実際、2014年時点で、4歳児と5歳児の幼稚園在籍率はそれぞれ51%と54%となっており、6歳未満の子どものいる女性の専業主婦率（51％）とほぼ同じ水準になっています。そのうち、5歳児の幼稚園在籍率は、1970〜80年代の水準に比べて現在はやや低くなっていますが、4歳児の在籍率は過去の水準とほぼ変わりません（【図2−1】）。

したがって、かつて主流であった世帯形態である「専業主婦」モデルはすでに「夫婦共働き」モデルにとって代わられたという認識は、大きな誤解だと言えます。「専業主婦」モデルの根幹である「夫は外で働き、妻は家庭を守る」という男女役割分業慣行は、今も日本社会に深く根付いています。女性が、妊娠・出産を機にキャリアの主戦場から離れ、家事・子育てを一手に引き受けて夫の仕事を支えるというのは、現在も一般的なスタイルです。また、子育てが一段落したら、家事の傍らでパートとして再就職するという専業主婦流のライフパターンは、今も昔もかわらず大多数を占めています。

不都合となった「専業主婦」モデル

一方、「専業主婦」モデルの下で個人と企業が相互利益を得られるような経済・雇用環境は、すでに過去の遺物になっています。少子高齢化が進み、労働力の不足に苦しむ日本経済にとって、「専業主婦」モデルは女性人材の浪費に他なりません。個人と家庭にとって、「専業主婦」モデルはかつてないほど経済的不自由と不安定を強いるものになっていると言えるでしょう。

豊かで幸せな「専業主婦」モデルを支える「日本的経営」が盛んだった時代が続いていたのは、

【図２－１】　幼稚園在籍率の推移（%、1965-2014年）

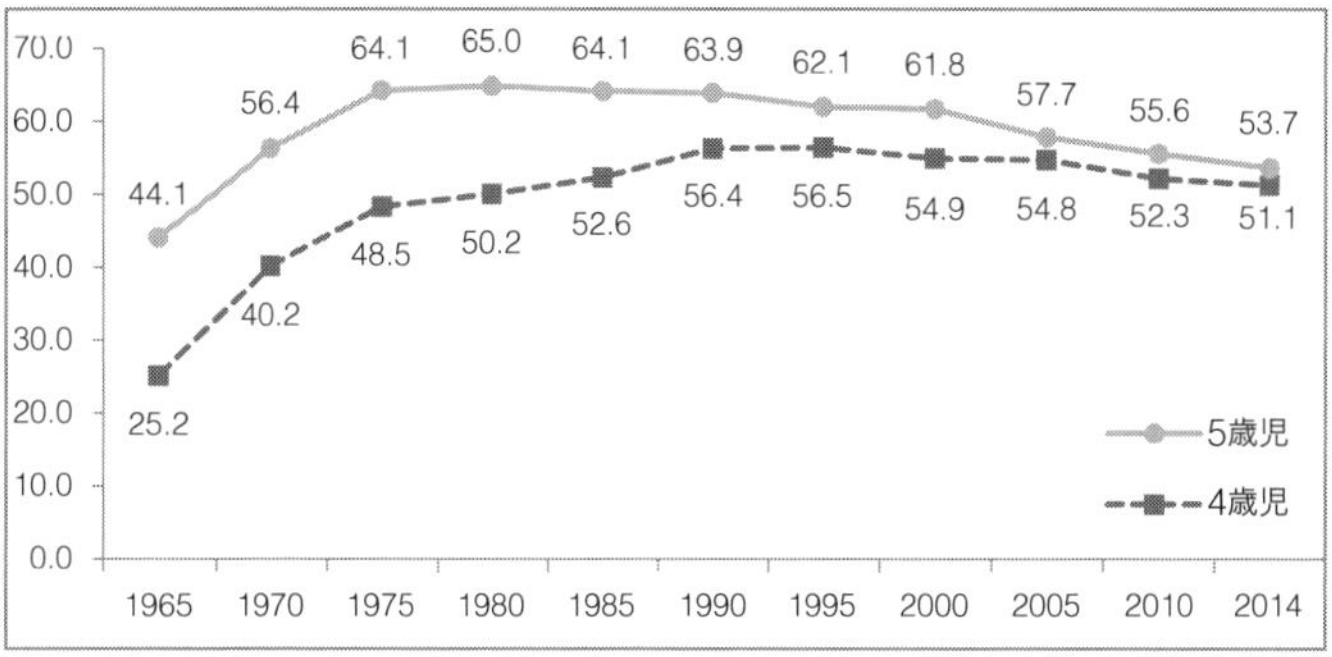

出典：文部科学省「平成19（2007）年度文部科学白書」および「平成27（2015）年度文部科学白書」。

だいたい１９９０年代前半までだと考えられます。この頃までの日本社会には豊富な労働力があり、所得もおおむね右肩上がりに上昇し続けていました。経済が今後も成長し続けるという見通しのもと、終身雇用制度と年功賃金制度が定着し、リストラや失業のリスクが低かったのです。

しかしバブル経済の崩壊をきっかけに、日本社会は１９９０年代から、急速な少子高齢化、所得停滞と雇用不安に見舞われ始めます。高度経済成長時代が終わったことを認識し、生き残るために必死になった日本企業は、新規学卒者の採用削減、非正規従業員の雇用拡大、賃金抑制、年功賃金制度の見直し、中高年従業員のリストラなどの対策を矢継ぎ早に実施しました。

米国の「大統領経済報告（２０１５年版）」によれば、日本は主要先進国の中で唯一、労働者の平均所得（実質）が20年以上も後退しつづけた国であり、２０１０年の労働者（上位10％の高所得者を除く）の平均所得

（実質、米ドルベース）は、実に１９７０年頃の水準にまで下がっていました[2]。

筆者の勤めるＪＩＬＰＴが「賃金構造基本統計調査」を元に行った推計によると、大卒男性標準労働者の生涯賃金は、２０１４年時点で2億６６３０万円となっており、ピーク時（１９９６～97年）の８割程度にまで下落しています（ＪＩＬＰＴ ２００５、２０１６）[3]。年間労働所得が１５０万円未満の低所得労働者の割合も、12年には26・６％に達しており、20年前より６・１ポイント上昇しています（総務省「就業構造基本調査」）。

「専業主婦」モデルの経済的優位性の喪失が、１９９０年代頃から始まっていることを示す統計データは他にもあります。総務省統計局「家計調査」における共働き世帯の可処分所得（専業主婦世帯を含む勤労者世帯全体＝１００）の推移です。80年代まで、共働き世帯と勤労者世帯全体の所得比は、１０６～１０８の狭いレンジで動いていたものの、90年代以降その所得比は急激に拡大し、もっとも高い時期（２００３～05年）では１１７にまで上昇しています（【図２－２】）。

専業主婦世帯と共働き世帯との収入格差は、１９９０年代前半から徐々に拡大した結果、現在の水準にまで達したと考えられます。

「専業主婦」モデルの劣勢化の始まりは、日本の人口と経済構造の転換期とちょうど重なっています。１９９０年代の日本経済は、新興国の台頭によるグローバルな競争の激化で産業空洞化が進行し、デフレ経済が長期化して、製造業などの経営環境が著しく悪化しました。またこの時期は、少子高齢化の進展に伴い生産年齢人口が減少に転じるといった人口構造面の問題が顕在化し

【図２－２】夫婦共働き世帯の可処分所得（1980-2013年）

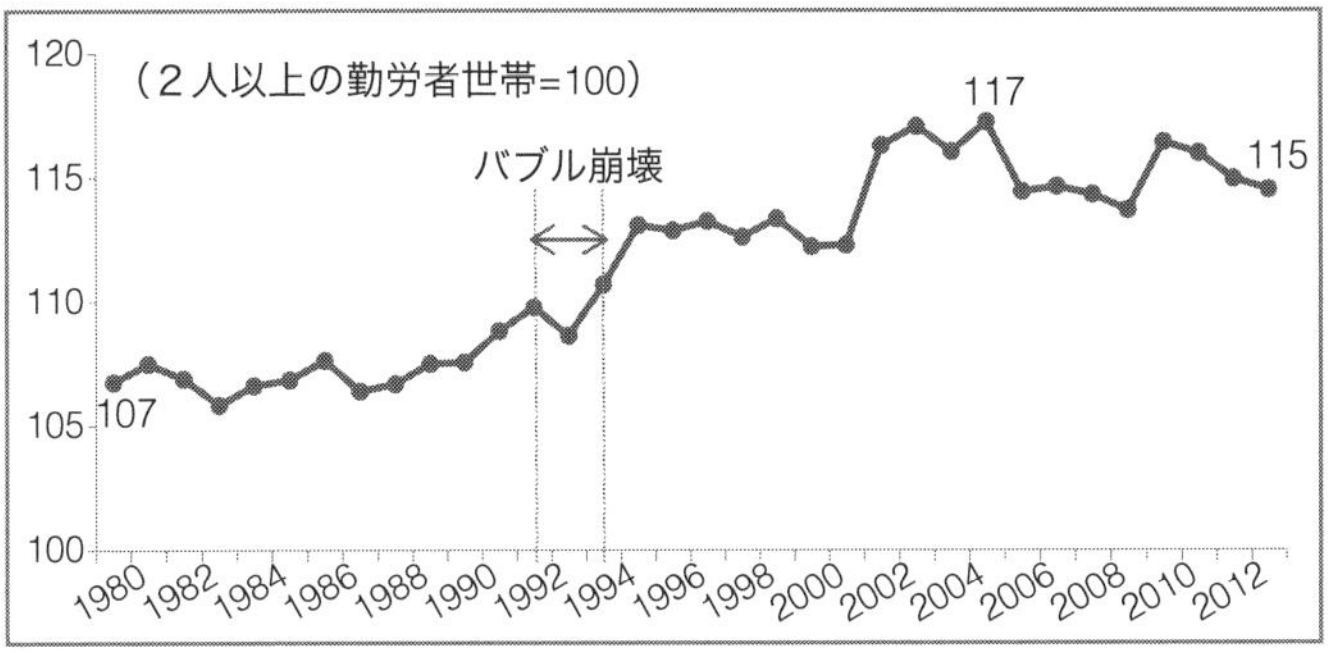

出典：総務省統計局「家計調査」の公表データより筆者が作成。データの制約により、専業主婦世帯との比較ができない。
注：「夫婦共働き世帯」は有業者が夫婦のみ（子どものいない世帯を含む）の世帯についての集計結果である。

始めた時期でもあります。

「高収入男性の妻ほど専業主婦になる」は昔話

高収入男性の妻ほど無業率が高い（または就業率が低い）という経験則は、ダグラス・有沢の法則として知られています。複数の統計によれば、少なくともバブル経済が崩壊する１９９０年代前半までは、ダグラス・有沢の法則は明確に成り立っていました。

ところが最近の調査では、ダグラス・有沢の法則が確認できないほど弱くなっています。それを確認するために、２０１６年の調査結果を用いて、子育て世帯を夫の収入の高い順に並べ、およそ５等分して５個のグループ（第Ⅰ～第Ⅴ分位層）を作ってみましょう。妻の無業率は、夫の所得が第Ⅰ、第Ⅱ、第Ⅲ、第Ⅳと第Ⅴの五分位層においては、それぞれ17％、24％、31％、37％、31％となって

【図２－３】　夫の税込収入階級別、妻の無業率（%）

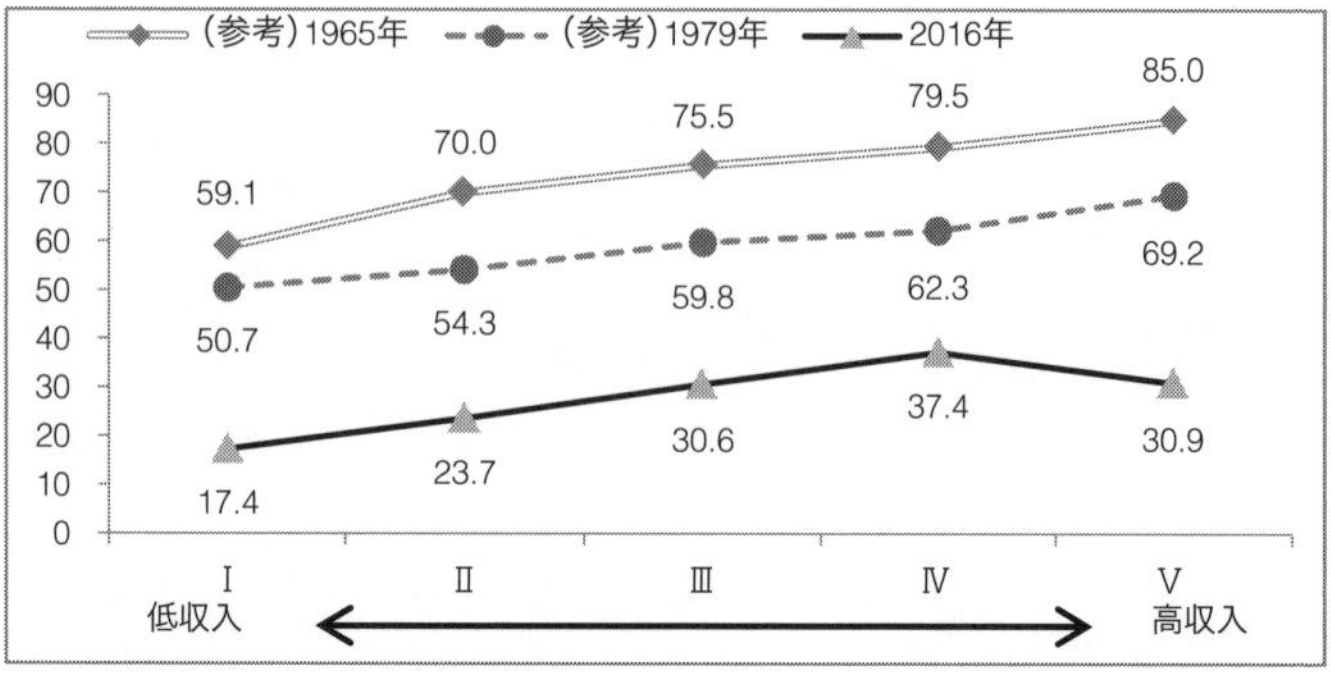

出典：1965年と1979年の参考用数値は八代（1983）が総理府統計局「就業構造基本調査」により作成、2016年の数値は筆者がJILPT「子育て世帯全国調査2016」により作成。

います。無業率がもっとも高いのは、最上位収入グループ（第Ｖ五分位層）の夫を持つ女性ではなく、２番目に高い収入グループ（第Ⅳ五分位層）の夫を持つ女性です（【図２－３】）。

男性世帯主の稼ぐ力が低下

２０１５年時点で、夫婦と子ども２人の４人世帯における標準生計費は月額31万円程度です。標準生計費に、税と社会保険料などの固定支出が加わる（貯蓄ゼロと仮定します）と、専業主婦家庭ならば、夫は年間４７６万円を最低限稼ぐ必要があります。仮に夫が年間２０００時間（常用労働者の平均労働時間に相当）就業する場合に、その時給が２３８０円以上になることが平均的な暮らしを送る条件となります[4]。

ところが、最近の全国調査によれば、この収入基準をクリアしている男性世帯主は４割強しかあ

【表2－2】 有配偶男性世帯主の賃金（2013-2015年）

	標本サイズ		時間あたり平均賃金	(賃金>2,380円)の割合(%)
	人数	(構成比、%)	平均値（円）	
全体	1,572	(100.0)	2,990	43.2
年齢 －20代	86	(5.5)	2,134	19.8
－30代	353	(22.5)	2,806	33.1
－40代	449	(28.6)	3,026	44.8
－50代以上	684	(43.5)	3,169	50.3
学歴 －中学校・高校	682	(43.4)	2,733	35.9
－短大・高専・各種学校	273	(17.4)	2,710	37.4
－大学・大学院（文系）	353	(22.5)	3,356	51.8
－大学・大学院（理系）	242	(15.4)	3,527	57.4
－その他・不詳	22	(1.4)	2,674	45.5
正社員－NO	414	(26.3)	2,415	28.7
－YES	1,158	(73.7)	3,196	48.4
職業1 専門・技術的職業	296	(18.8)	3,052	52.4
職業2 管理的な仕事	166	(10.6)	4,144	76.5
職業3 事務的な仕事	196	(12.5)	3,015	52.0
職業4 営業・販売の仕事	200	(12.7)	3,287	37.0
職業5 技能工・生産工程に関わる職業	377	(24.0)	2,897	35.0
職業6 運輸・通信の仕事	103	(6.6)	2,448	28.2
職業7 保安的職業	35	(2.2)	2,562	51.4
職業8 農林漁業	40	(2.5)	1,802	15.0
職業9 サービスの職業	116	(7.4)	1,875	19.0
職業10 その他	30	(1.9)	2,829	30.0

出典：ゆうちょ財団「家計と貯蓄に関する調査2013、2015」より筆者が算出。
注：20歳～64歳の男性（有配偶・有業）世帯主に関する集計結果である。職業別集計に「職業不詳」（人数=13）は含まれていない。

りません。比較的若い年齢層に限ってみると、「専業主婦」モデルを支えるほどの稼得力（稼ぐ力）を持つ男性世帯主の割合は、20代では5人に1人、30代では3人に1人程度です。大学・大学院卒の高学歴者と正社員の男性世帯主は、収入状況の面で平均よりやや恵まれているものの、上記の収入基準をクリアできる者は、やはり全体の半数程度に過ぎません（【表2－2】）。

男性世帯主が従事する職業の構成をみると、「技能工・生産工程に関わる職業」従事者と「専門・技術的職業」従事者がもっとも多く、それぞれ24％と19％を占めています。前者は、高度経済成長期において、分厚い中間層を支えてきた製造業のブルーカラー労働者が主体となっています。後者は医師、看護師、弁護士、教師、技術者、デザイナーなどホワイトカラーの代表格とされる専門職集団です。「専業主婦」モデルを支えるほどの稼得力を持つ男性世帯主の割合は、「技能工・生産工程に関わる職業」従事者では35％、「専門・技術的職業」従事者でも52％しかありません。

自動車運転手や守衛など、ブルーカラー層を含む幅広い職種において、男性の賃金のみで中流階級の生活を享受することができた1970年代と違って、現在は専門職のホワイトカラー層男性ですら、それが難しくなっているのです。

専業主婦世帯が中流の暮らしを維持するために必要な収入を稼げる男性世帯主が大きく減少したにもかかわらず、「専業主婦」モデルは健在です。その結果、専業主婦層内部での格差や貧困など、社会のひずみがますます拡大しているのです。

「貧しさの象徴」となった

低収入層の専業主婦家庭における生活が厳しいものであることは想像に難くありません。第4章で紹介する由美子さん（仮名）はその一例です。彼女の家は、水道料金をしばしば滞納するほどの困窮ぶりです。金銭面の制約により、小中学生の子どもたちが習い事・塾を利用させてもらえず、部活動や友達付き合いも満足にできない状況です。第3章で登場する恵さん（仮名、ケー

【図２－４】　世帯収入の階級別、既婚女性の無業率
（%、2016年）

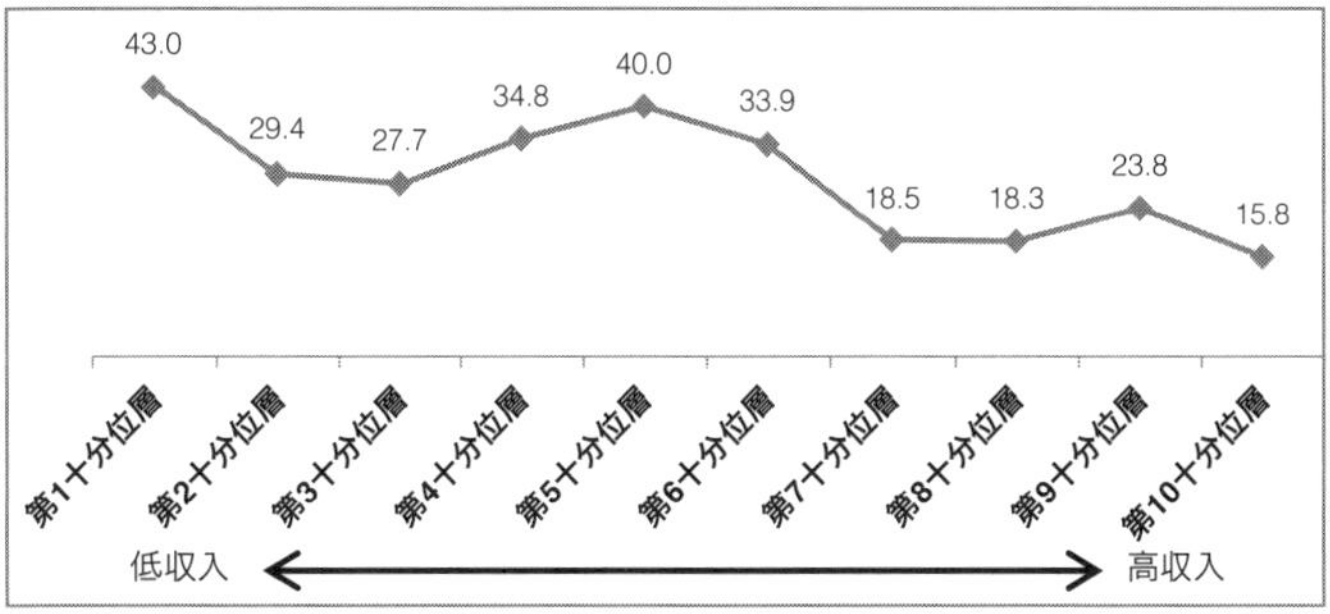

出典：JILPT「子育て世帯全国調査2016」より筆者が算出。

ス⑥）の世帯は、５人家族でしたが世帯年収は３００万円程度です。そのため彼女は「１００グラム58円の豚肉をまとめ買いするため、自転車で30分走る」「友だちから家庭菜園の野菜をもらう」など、さまざまな節約の努力をしていました。

統計をみても、専業主婦率がもっとも高いのは、世帯収入のもっとも高い階層ではなく、収入のもっとも低い階層です。【図２－４】は、夫婦双方の収入を含む世帯収入の階級別で妻の無業率を示しています。具体的には、子どものいる世帯を収入の高い順に並べ、およそ10等分して10個のグループを作り、それぞれのグループにおける妻の無業率を比べてみました。その結果、下位10％の収入グループ（第１十分位層）では専業主婦率が43％に達しています。一方、上位10％の収入グループ（第10十分位層）の専業主婦率は16％に止まっています。

この調査では全体の専業主婦率は28％であるため、専業主婦世帯が最下位収入層に多く、上位収入層（第７十分位層〜第10十分位層）には少ないことがわかります。夫の稼ぎだけでは、専業主婦世帯は、最貧層になりやすく、高収入層への仲間入りが難しいという現状が窺えます。「専業主婦は裕福の象徴である」というイメージとは裏腹に、これは、「専業主婦は貧しさの象徴である」とも読み取れる調査結果です。

経済的困窮に喘ぎながらも

世帯年収が300〜400万円台、またはそれ以下の専業主婦家庭は、中流の暮らしはもはや期待できません。中流の暮らしを期待できない収入水準（世帯年収500万円未満）にある専業主婦世帯の割合は、調査年によってやや異なっているものの、おおむね3〜4割前後の水準で推移しています（【表2−3】）。

言い換えれば、専業主婦の3人に1人は、経済的困窮に喘ぎながらも専業主婦でいることを自ら選んでいる、または余儀なくされていると考えられます。大阪市在住の裕子さん（仮名、2011年11月質問紙調査）もそうした経済的困窮下にある専業主婦の1人です。

「子ども手当を（4カ月ごとではなく）毎月受け取りたい」、36歳（年齢などはすべて調査当時、以下同）の裕子さんがアンケートに寄せたその要望から、彼女とその家族の火の車のような家計の事情の一端が窺えます。生活費の高い大都市に住みながらも、家族4人の生活は、夫の額面年収400万円に頼らざるをえません。(5) 親の持家に居候して住居費を切り詰ているものの、毎月の生活

【表2－3】 専業主婦世帯の収入（税込）分布（%、2011-2016年）

	2011	2012	2014	2016
300万円未満	9.1	8.2	6.7	3.1
400万円未満	12.9	15.6	9.9	13.9
500万円未満	16.0	14.9	14.0	13.0
600万円未満	14.9	15.8	15.0	17.9
700万円未満	14.1	14.5	15.4	21.0
800万円未満	10.7	9.9	9.4	7.4
900万円未満	5.9	7.8	8.7	5.6
1000万円未満	3.7	3.3	6.1	3.8
1000万円以上	12.8	9.8	14.8	14.3
（再掲）500万円未満	38.0	38.7	30.5	29.9
（再掲）800万円以上	22.4	21.0	29.6	23.7
合計	100.0	100.0	100.0	100.0

出典：JILPT「子育て世帯全国調査（各年）」より筆者が算出。
注：有効求人倍率（有効求人数／有効求職者数）は、2011年0.65、2012年0.80、2014年1.09、2016年1.36となっている（厚生労働省「一般職業紹介状況」）。

費を賄うのがやっとで、貯蓄がまったくできない状態だといいます。家族旅行の年間回数はゼロで、経済的に負担できないため、6歳と2歳の娘を習い事や学習塾に行かせることもできないとのことです。

今では経済的に苦しい暮らしを余儀なくされている裕子さんですが、専業主婦となる6年前までは、大学卒の夫とともに正社員として働き、暮らし向きは大変ゆとりがありました。それでも、正社員の職業キャリアの継続ではなく、「出産→退職して専業主婦に→3歳までは自宅保育→3歳〜5歳に幼稚園を利用」という、伝統的な専業主婦コースを選んだ裕子さん。保育所の利用を申し込んだことは、これまでに一度もありません。いや、保育所を利用しながら働くことは、裕子さんのライフプランにはそもそも含まれていませんでした。

裕子さんの現状は、まさに「専業主婦」モデルに囚われている状態とも言えます。将来、2人の娘を4年制大学に通わせたいという計画は漠然とあるものの、教育費の貯蓄の見通しをまったく立てられていないのが現状です。子育てが一段落してから再就職することを希望しているものの、あくまでも家事の傍らでの仕事を希望しており、「通勤時間が短い」「土日祝日に休める」「就業時間の融通がきく」ことを、主要な就業条件として挙げています。しかし、このような理想に合致した職場は、果たして本当に見つけられるのでしょうか。

裕子さんのジレンマは、低収入「専業主婦」家庭の行き詰りを表す縮図のようなものです。彼女たちは、従来の「専業主婦」モデルに従いライフプランを立てていますが、現実はそのプランから遠ざかっていくばかりです。それにもかかわらず、現実を見据えてのライフプランの修正ができずにいる専業主婦は、大勢います。その1つの典型例が、「貧困専業主婦」なのです。

（1）JILPT（2017）「早わかり　グラフでみる長期労働統計」（図12 専業主婦世帯と共働き世帯）。
（2）米国大統領経済諮問委員会「2015 Economic Report of the President」p.35
（3）新規学卒から60歳で定年退職するまでフルタイムの正社員を続ける場合の生涯賃金（退職金を除く）

である。ちなみに、女性大卒一般労働者の生涯賃金（2014年）は、ピーク時（1997年）の78・6%である。
（4）詳細は、周燕飛（2017）「日本人の生活賃金」アジア成長研究所ワーキングペーパー№2017－15を参照。
（5）JILPT「子育て世帯全国調査」の回答結果を元にした記述。

〈コラム〉「子育て世帯全国調査」とは

「子育て世帯全国調査」は、JILPT（独立行政法人労働政策研究・研修機構）が18歳未満の子どもを育てている家庭の生活状況や親の就業状況を把握するため、2011年から1~2年ごとに行っている全国範囲の大規模調査です。11年の第1回調査を皮切りに、12年に第2回調査、14年に第3回調査、16年に第4回調査が行われました。

調査の実施時期は、各回ともに11~12月頃となっています。調べられている項目は、それぞれの調査年における11月1日時点のものです。

各回ともに全国から4000の調査対象世帯（ふたり親世帯とひとり親世帯2000ずつ）が、

住民基本台帳より無作為に抽出されています。選ばれた対象世帯に調査の開始を知らせるハガキを事前に郵送した上、専門の調査員が戸別訪問して調査票の配付と回収を行いました。ひとり親世帯（シングル世帯）の場合は、子どもの母親または父親が調査票を記入しています。ふたり親世帯（夫婦世帯）の場合は、原則として子どもの母親（妻）に調査票を記入してもらっています。

実際に回収された有効標本数は、第1回（２０１１年）調査では２２１８票（有効回収率55・5％）、第2回（12年）調査では２２０１票（同55・０％）、第3回（14年）調査では２１９７票（同54・９％）、第4回（16年）調査では２１５９票（同54・０％）、合計では８７７５票です。そのうち、１７９６票はふたり親世帯の専業主婦（内訳：貧困層２４５人、世帯年収５００万円未満の低収入層４７５人）による回答です。

この調査の大きな特徴の１つは、育児や仕事の悩みや、行政の支援への期待に関する自由記述欄に多くの書き込みがあることです（後述あり）。調査票に書き込みきれずに、別紙添付の回答者もいるほどです。通常の調査項目に、自由記述の非定型化情報を組み合わせることで、回答者の詳しいライフ・ヒストリーを描くことが可能となっています。

各章で示されている調査結果は、単純集計値です（報告書などからの引用を除き）。ただし、ひとり親とふたり親世帯の混合サンプルを用いた場合には、ひとり親世帯のオーバーサンプリングと地域ごとの有効回収率の違いを補正した数値が示されています。なお、各回調査の方法および結果の詳細については、ＪＩＬＰＴ調査シリーズ（No.95、No.109、No.145、No.175）をご参照ください。

調査報告書の全文は、下記のウェブサイトからダウンロードできます。https://www.jil.go.jp/institute/research/index.html

第3章　貧困

貧困専業主婦という「社会現象」

厚生労働省はＯＥＣＤ（経済協力開発機構）の貧困線の定義（所得中央値の50％）に基づき、国の統計調査をもとに3年ごとに日本の貧困線と貧困率を公表しています。２０１２年と15年の貧困線（名目値）は、単身者世帯では１２２万円、２人世帯では１７３万円、３人世帯では２１１万円、４人世帯では２４４万円、５人世帯では２７３万円となっています。年間の手取り収入がこの金額を下回る世帯を、ここでは貧困世帯と定義します。

では、専業主婦世帯に占める貧困世帯の割合はどれほどなのでしょうか。政府公表の貧困線を用いて、筆者はＪＩＬＰＴ調査を使って専業主婦世帯の貧困率を集計しました。また、その集計値に国勢調査の専業主婦世帯数を掛け合わせて、貧困専業主婦の人数を推計しました（【表3－1】）。

【表3－1】子どものいる夫婦世帯の貧困率（%、2011-2016年）

調査年	全体	共働き世帯		専業主婦世帯	貧困専業主婦の推定人口P（万）	（参考）パートの有効求人倍率（倍）
		妻が正社員	妻が非正規・パート	妻が無職		
2011	10.7	7.2	11.8	12.0	53.7	0.89
2012	7.5	3.9	7.9	10.1	45.5	1.08
2014	7.3	3.7	6.1	11.8	44.3	1.38
2016	6.0	2.4	8.5	5.6	21.2	1.70

出典：JILPT 調査シリーズ No.175（2017 年）、厚生労働省「一般職業紹介状況（各月平均）」。

注：(1)調査前年の可処分所得に基づく貧困率（地域ブロックごとの有効回収率の違いを補正後の数値）。ただし、2011 年データは復元倍率の誤りを修正後の数値である。補正を行っていない JILPT 調査シリーズ No.95（2012 年）と No.109（2013 年）の速報値と異なる場合がある。

(2) P ＝ 18 歳未満の子どものいる夫婦世帯の総数（a）×（1- 妻の就業率 b）×専業主婦世帯の貧困率

ただし、a と b は「国勢調査 2010」または「国勢調査 2015」による数値。

その結果、２０１１年から14年までの調査においては、専業主婦世帯の貧困率はいずれも10％を上回っており、世帯全体の場合に比べて高い水準にあることが分かりました。そのうち、専業主婦世帯の貧困率がもっとも高くなったのは11年の調査で、貧困率は12・０％でした。この時、貧困専業主婦の人口は50万人を超えていたと推計されます。

しかし、２０１２年の調査以降は、貧困専業主婦の人数は減少傾向にあります。とくに16年調査では、専業主婦世帯の貧困率と貧困人口はともに大きな改善がみられ、貧困専業主婦の人数はピーク時の半分以下となりました。それとは対照的に、妻が非正規・パートである共働き世帯の貧困率が上昇しています。

その背景にあるのは景気回復に伴うパート求人の急増だと考えられます。アベノミクスによる日本経済の景気回復で人手不足が顕在化し、パートの有効求人倍率は、2011年の0・89倍から16年の1・70倍へと急上昇してきました。パートの求人数が、仕事を探す人の数（求職数）より7割も多いのですから、労働市場はまさに「売り手市場」となったと言えます。

それにより、貧困専業主婦のうち、「（仕事があれば）今すぐに働きたい」という女性、いわゆる「不本意型専業主婦」を中心に、パートとして就職できた人が増えたのです。これが貧困専業主婦の人口が減少した主な原因だと考えられます。一方、妻が収入を得るようになってからも世帯収入が貧困線以下にとどまる家庭は一定数残っています。貧困専業主婦の一部が非正規・パートに移行した結果、妻が非正規・パートである共働き世帯の貧困率は、経済好況期ではむしろ上昇しています。

しかし、経済には好況期と不況期という景気循環があり、好況の次には必ず不況がやってきます。経済が不況期に入った時には、非正規・パートは雇用の調整弁として、真っ先にレイオフされる対象になります。そのため、「専業主婦」からパートに転身した貧困層の女性は、再び元の「貧困専業主婦」状態に戻るリスクを抱えています。

第1章と第8章で詳述していますが、「貧困専業主婦」は、日本の文化的慣習や制度から生まれた社会現象です。そのため、専業主婦の貧困人口は好況期で一時的に減少することはあるものの、完全にゼロになることはないのです。

られます。

人手不足でも働きに出られない

その証左として、好景気による人手不足の恩恵に与《あずか》れない貧困専業主婦が実に多いことが挙げられます。

JILPT調査によれば、貧困専業主婦の約8割が「働きたいと思わない」「働くことができない」または「そのうち働きたいが今は働けない」と回答しています。彼女らは、適切な仕事がなくて無職でいるわけではなく、何らかの理由により専業主婦でいることを自ら選んでいる、または選ばざるを得なかったと考えられます。

そして、貧困専業主婦は、自ら無職でいることを選択している者の割合が突出して高いことが分かっています（【図3－1】）。こうした「選択型専業主婦」にとって、世間のパート求人がいくら増えてもあまり関係がありません。彼女たちには、就業による貧困脱出という道はそもそも選択肢の1つではないのです。

以下では、JILPT調査で浮かび上がってきたいくつかの典型的事例を取り上げ、質問紙調査または聞取り調査の回答結果を元に、貧困専業主婦となった経緯を探っていきます。

ケース① 「家庭内の問題を抱えるため、今は働けない」

智子さん（仮名、2012年質問紙調査）は前年に36歳（年齢などはすべて調査当時、以下同）の若

【図３－１】貧困専業主婦における今後の就労希望（%）

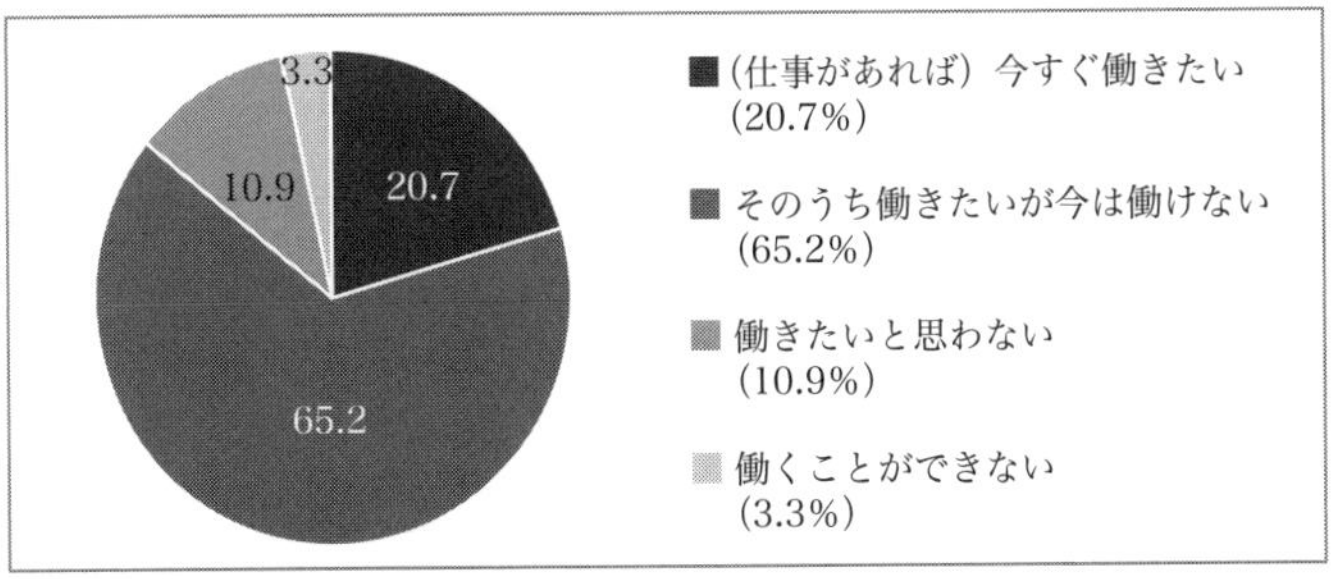

出典：JILPT「子育て世帯全国調査 2011-16」により筆者が作成。

さで祖母となりました。しかし、彼女は初孫の誕生を素直に喜べない状況にあります。なぜなら、病気である孫の世話は、既に余裕のない生活を、さらに苦しいものにする結果となってしまったからです。彼女がアンケートに記した自由記述からその厳しい暮らしの一端を垣間見ることができます。

「私には、1歳になる孫がいます。娘が16歳で産んだのですが、若さゆえ、あまり真剣に育児にとりくまない姿に日々思い悩んでいます。孫は気管切開をしており、つねに吸引が必要です。私にも2歳の娘がいるため、サポートにも限界があります……。現在、孫は病院に入院中で、これ以上ここにいても困ると言われ（治療が終わったため）、今、苦渋の選択を求められています」

智子さんは、無職になってから、すでに7年が経過しています。現在、大阪府高槻市内の公営アパートで夫（60歳）、次女（15歳）、三女（2歳）との4人暮らしですが、世帯の手取り年収は児童手当を含めて150万円程度しかありません。国の公表している貧困線（4人世帯244万円）をはるかに下回る水準です。十分な食事や新鮮な果物を家族に与えることはできず、お金が足りなくて、家族が必要とする日常の食料品を買えないことも、「よくあった」といいます。

智子さんの暮らし向きは、5年前も現在も変わらずに「大変苦しい」状況だといいます。将来に対して希望が持てない日が続き、生活破綻に怯えながら日々を暮らす状態が続いています。

窮地に立つ智子さんに追い討ちをかけるように、中学校を卒業したばかりの長女が16歳で子どもを出産したものの育児放棄に。1歳になる孫の世話までも智子さんがやらざるをえなくなってしまいました。しかも、その孫は気管切開をしており、つねに痰の吸引を必要とします。治療は終了しており、病院からは退院を求められていますが、智子さんは2歳の娘を育てているため孫の世話をする余裕がなく、苦渋の選択を迫られています。

そして、彼女には働こうとしても働けない多くの事情があります。最終学歴が中学校卒、一度も正社員として働いたことがない、運転免許を含め資格となるようなものはまったくない、7年間のキャリアブランクがある、2人の乳幼児の世話をしなければならない、自分自身にも軽度の抑うつ傾向がある……。

より重要なことに、智子さんは女性就業について、とても保守的な考えを持っています。自分が就業したら、「子供のしつけが行き届かなくなる」「子供に良くない影響を与える」「仕事と家事の負担でイライラする」と考えています。認可保育所の保育内容や保育者の質に対しても強い不信感を抱いているようで、これまでに一度も保育所を申し込んだことがありませんでした。19歳で第1子を妊娠し、出産した時も、(元)夫の年収が100万円未満にもかかわらず、仕事を辞めて専業主婦を選択しました。

智子さんが辿ったこれまでの人生を振り返ると、あまりにも多くのハプニングがありました。高校中退、19歳での妊娠・結婚、元夫による家庭内暴力、21歳で離婚してシングルマザーになり、離婚直後に次女出産、勤め先の店主の夜逃げによる失職、そして23歳年上の年収120万円・高卒男性との「できちゃった再婚」、一連の負の連鎖が、実際に彼女の身に起きています。

幸い、一家の大黒柱である現在の夫は、家事と育児に協力的な「良い父親」で、夫婦関係も良好です。しかし、夫はすでに60歳、何年先まで働けるか分かりません。さらに家族以外の社会ネットワークをほとんど持っていません。彼女の母親は近所に住んでいるため、時々子どもの世話や家事援助をしてくれますが、金銭面の援助に関してはまったく期待できません。夫の両親はすでに他界していて、智子さんにも兄弟がいないため、助けてくれる他の親族はいません。それに加え、頼りになるような知人や友人もいません。まさに四方八方塞がれている状態なのです。

ケース②「心身ともに健康を害してこぼれ落ちる」

50歳の直美さん(仮名、2016年質問紙調査)は、京都市内の賃貸住宅で夫(51歳)と子ども2

人との4人暮らしです。昨年の世帯年収（税込）は、264万円しかありません。そのうち、100万円は社会保障給付（児童手当と特別児童扶養手当など）、100万円は親からの援助によるものです（夫の仕事に関しては記述なしです）。このように大変苦しい生活ですが、直美さんには「働きたくても働けない」特殊な事情があります。自分自身と子どもたちの健康問題がその理由です。

実は、直美さんも1年半ほど前まではパートとして働いていました。しかし、健康上の理由により、わずか1カ月で仕事をやめざるをえなくなりました。JILPT調査でのうつ病診断テストの得点は、「うつ傾向あり」の基準値を大きく上回り、通院治療が必要なレベルに達しています（実際に通院中です）。過去に自殺を考えたこともあるといいます。それに加え、6歳（小1）の長女は持病と障害を持ち合わせています。12歳（中1）の長男は、持病はないものの、軽度の障害を持っています。

直美さんの自由記述欄には、働きたくても働けない、その葛藤と苦しい胸のうちが綴られています。

「〈前略〉健康なら、母親でも働きに出られるだろうが、そこからこぼれ落ちた私のような者はまず、どうする事も出来ない未来しか無いのだろう。私は心身両方で健康をこわしこぼれ落ち、子供は軽度の障害がある。子供の用事（児童相談所への予約日など）で1年のうちのほとんどがつぶれてしまい、働きに出られる日の無い者もいる事を国はまったく分からないのだろう

〈後略〉」

直美さんは、学校卒業後に正社員で働く経験があったものの、仕事のストレスなどで体が不調になり、やむなく退職することになりました。子どもが生まれてからは、認可保育園や認定こども園を利用して働いたり、雇用保険の教育訓練給付制度を利用して、パソコン関連資格を取得し、その資格を活かせる仕事につくこともありました。しかし、いずれの仕事も長くは続きません。過去の3年間は、「自分に合う職がなかった」とのことで、完全無職、または短期間のパート就業のみの状態が続いています。

一方、直美さんは仕事への意欲は高いようです。今は働けないとしながらも、直美さんは在宅勤務を視野に再就職を考えています。パソコン関連の資格のほか、建築会社やデザイン事務所などで活用されることの多い「版下トレース」の資格も取得しています。緻密さと手先の器用さが必要とされるこの資格は、彼女の仕事に活用されたことはまだないのですが、彼女の働くことへの真剣さが窺えます。

貧困ながらも専業主婦でいることを（やむをえず）選んだ直美さんにとって、就業のための最大の障壁は、彼女自身のメンタルヘルスの問題でしょう。国や自治体からの支援で拡充すべきと思う制度についてたずねられると、「母親へのメンタルの定期検診制度、カウンセリング制度と自治体行政との連携」を拡充すべきであると、直美さんは訴えています。

ケース③「待機児童で保育園に入所できない」

27歳の愛さん（仮名、2012年質問紙調査）は、保育所の不足が原因で、今すぐにでも働きたいが専業主婦でいる女性の1人です。7歳の長男は小学校1年生で、3歳の長女は保育園（保育料月額8000円）に入れていますが、2歳の次男は待機児童で保育園に入所できないため、愛さんは働きたくても働けずにいます。

愛さんの世帯は愛知県瀬戸市の公営住宅に住む5人家族ですが、夫（26歳）の年収は低いため、児童手当を含む世帯の手取り年収は170万円しかなく、国の貧困線を大きく下回っています。お金が足りなくて、家族が必要とする食料や衣類を買えないことが「よくあった」といいます。収入より支出が多い状態がつづき、暮らし向きが「大変苦しい」とのことです。さらに、夫婦ともに国民年金の第1号被保険者ですが、保険料の未納状態が続いています。

愛さんの世帯収入は生活保護の基準をクリアしていますが、車を所有しているなどの理由で、生活保護を受けることもできません。「毎日つらい気持ちを抱えながら生活しています」と、愛さんは自由記述欄に書き込んでいます。過去における不利な人生体験の有無について尋ねられると、愛さんは、「配偶者からの暴力」「育児放棄」「出産・育児うつ」「児童虐待の思い悩み」など多くの項目にマルをつけていました。

愛さんのうつ病診断テストの得点は、「うつ傾向あり」の基準値を大きく上回っています。前出の直美さんと同じように、愛さんも過去に自殺を考えたことがあります。明らかに治療が必要な状態であるにもかかわらず、お金がないため通院も薬による治療もしていなかったといいます。

愛さんは、中学校卒業後18歳ではじめての仕事（営業・販売パート）につきましたが、短期間契約だったため、わずか4カ月で退職。その後、3回ほど転職した経験があるものの、すべて短期間のパートでした。直近の3年間は子育てのためにまったく就業していませんが、「家計が厳しく、すぐにでも働きたい」という気持ちが強いようです。その一方、保育所の入園審査の不条理さに対して、不満をあらわにしています。

「〈前略〉長女の通う園の園長や市役所に相談しても、大変だね、でも、待機児童で入所はできない（市内のどの園も）と言われ、本当に困っている人が預けて働けないのに、働いていないのに書類上で通って園に通わせているママもいる。書類上のみの就労と解っていて入所ができるようになっている市役所（園長）に、不満があります」

ケース④「3カ月前から生活保護を受けている」

働くことのできない貧困専業主婦にとって、生活保護の受給も出口の1つと考えられます。52歳の恵子さん（仮名、2011年質問紙調査）は、生活保護を利用してとりあえず現在の困窮状態から脱した専業主婦の1人です。しかし、生活保護の受給開始は、恵子さんの将来に対する不安を完全に払拭したわけではないようです。

「3カ月前から生活保護を受けています。夫の失業で、子供の高校の授業料等の支払いができなくて、困っていました。これからまだ、中学や高校に行かせなければいけない子がいるので、今後不安です」

生活保護を受給する前の世帯年収は100万円程度（税込）です。夫、長女、次女と家族4人で山形県酒田市の公営住宅に住んでいますが、貯蓄がまったくできずに生活がギリギリでした。家族の衣食住を賄うだけで一杯一杯の生活で、子どもたちに習い事や学習塾などの教育投資をすることがまったくできないといいます。お金が足りなくて、家族が必要とする食料や衣類を買えないこともよくありました。

長女（16歳）と次女（7歳）はそれぞれ高1と小1の就学児童ですが、学費は高校まで払う予定だといいます。ただし、長女は軽い持病があり、11月1日の調査時点ですでに30日以上も学校を欠席し、「現在不登校中」の状態にあります。

子どもたちの将来の教育費を賄うために、過去3年間、恵子さんは働くことをずっと考えていましたが、自分の年齢に合う仕事を見つけられずにいます。年齢のほか、「仕事の探し方が分からない」ことも理由の1つとしています。仕事につく場合に重要視する条件として、恵子さんは労働時間だけではなく、「厚生年金や雇用保険に入れる」ことも挙げています。

「今すぐに働きたい」と、恵子さんの就業意欲は高いものの、15年10カ月もの長い専業主婦生活の殻を破ることは容易ではありません。専修学校卒業後に、簿記資格を取得していますが、恵子さんはパソコンの操作ができないため、その資格を仕事に活かすことが難しいのです。就職に向けて、更なる資格や職業訓練が必要と感じ、恵子さんは国に「職業訓練を受ける際の金銭的支援」の拡大を求めています。

ケース⑤「パート代くらいじゃ保育料で消えてしまう」

31歳の彩さん（仮名、2016年質問紙調査）は、熊本市内の公営住宅に住む、保育士の資格を持つ専業主婦です。2人の子ども（長男3歳3カ月、長女1歳0カ月）の子育てに専念するために、長男の出産3カ月前に仕事をやめ、専業主婦となりました。夫（34歳）の税込年収は300万円程度で、児童手当などと合わせた世帯収入は国の貧困線をわずかに超えていますが、経済的ゆとりは感じないといいます。

長女が1歳半になったら、短時間勤務のパートの仕事を探したいという彩さんですが、気になるのは、自分の給料と子どもの保育料の釣り合いがとれないことです。

「〈前略〉働かなければ経済的余裕は得られない。けれどパート代くらいじゃ保育料で消えてしまう。フルタイムで家事・育児までとなると本当に自分の時間はなく子供との時間もなく……もっと保育料は安くならないのでしょうか。……保育士の給料ももっと上がってほしいなと願ってます」

熊本市の保育料は、16の階層区分があり、保育料月額は0円から5・8万円までと世帯所得に応じて変わります。(1) 彩さんの世帯年収と家族構成からみると、おそらく下から3番目の低い階層区分（市民税所得割額が2万4300円未満）に当てはまりますが、それでも2人の子どもの保育料は当時の推計で月額1・8万円（長男8000円、長女1万円）になります。一方、ハローワークの求人情報によれば、熊本市のパート保育士の時給相場は750~780円（当時）であり、週20時間パート勤務の場合は月給が6万円程度になります。単純計算で、保育料を除く彩さんの実収入は4万円ほどになると予想されます。「パート代くらいじゃ保育料で消えてしまう」というのはやや言い過ぎの面があるように思いますが、当たらずといえども遠からずというところでしょう。

彩さんにとって、子どもが1歳半になるまでは子育てに専念、小学校低学年までは短時間パート勤務、中学校卒業までは残業のないフルタイム勤務がもっとも望ましい働き方と思われます。しかし、パート収入が保育料と釣り合わないため、夫が低収入にもかかわらず、彩さんには専業主婦でいることが最善の選択肢に見えてしまうのです。

ケース⑥「保育園を申し込もうと考えたことはなかった」

恵さん（仮名、2011年質問紙調査、翌年7月聞取り調査）は、29歳（年齢などはすべて12年聞取り調査当時）で、9歳、6歳と3歳の3人の男の子を持つ母親です。20歳で長男を出産して以来、9年間専業主婦を続けています。千葉県佐倉市に家族5人で暮らしていますが、世帯の手取り年収は300万円、国の貧困線ぎりぎりの収入水準です。

恵さんの夫（34歳）は、ユニットバスの工事を請負う職人さんで、雇用保険なし、年金は国民年金、月収は工事件数に応じて変わります。不景気によりここ数年工事件数が減り続け、手取り年収は5年前に比べると、100万円ほど減少し、今後も増える見通しがないといいます。2年ほど前から、夫は副業として夜間の短時間アルバイトを探し始めていますが、なかなか見つけることができずにいます。

それでも、恵さんは長男には水泳教室、次男には月3000円程度の通信教育（こどもちゃれんじ）を受けさせています。また、子ども3人全員に学資保険をかけており、3人合わせると月額3～4万円の保険料がかかります。学資保険は「強制貯蓄」のようなもので、「こうしないと、お金が貯められないので」と恵さんは嘆いていました。収入が減っている一方で、子どもの教育費、学資保険や幼稚園月謝などの支出は逆に増えています。そのため、暮らし向きが苦しくなる一方だといいます。

こうした中、恵さんは数年前から節約に励んでいます。食材は市内の激安スーパーの特売日を狙って、100グラム58円の豚肉など、まとめ買いしています。片道30分以内のスーパーであればなるべく自転車で通うなど、ガソリン代の節約にも励んでいます。主婦仲間から激安スーパーの特売情報を教えてもらったり、家庭菜園の野菜を分けてもらったりすることもしばしばです。

また、恵さんは親族の援助も最大限に利用しています。住居は、義理の父親の家に間借りする形をとっており、家賃ゼロ、電気、ガス料金の負担もありません。近所に住む実の親からは、お金の援助は一切受けていませんが、実家のあまったお肉や野菜をもらったりして、食費の節約を図っています。

細々と家計をやりくりしていますが、恵さんは今すぐ働くことには前向きになれません。実の母親に子どもを預けて働くことも考えましたが、母親にきっぱりと断られたそうです。母親も専業主婦ですが、ゴルフなどの趣味があるので、自分の時間が欲しいことが理由でした。

幼稚園にも「預かり保育」制度があるものの、1回500円、週3千円、月1万円程度かかってしまいます。幼稚園の月謝（月2万円）に上乗せすると、かなりの負担で、「そこまでして働こうとは思わない」と恵さんは考えています。

さらに、調査中の会話（以下）からは恵さんは保育園を利用してまで働くことに抵抗感を持っていることがわかります。

「保育園を申し込もうと考えたことはなかった。自分が仕事してないということもありますし、幼稚園が一番家から近いので。保育園に対して、敬遠しているじゃないけど、何となく、自分から遠い世界というイメージ。子供を保育園に入れようとも思わない」

不本意なのか、個人の選好なのか

ここまでは、JILPT調査の対象者から、6人の代表的なケースを取り上げ、「貧困ながらも専業主婦」という状況が作り出されるそれぞれの背景を紹介しました。

ケース①～④のように、家庭内の問題、自身のメンタルヘルス問題、保育所の不足など、働きたくても働けない「やむをえない理由」により、貧困専業主婦でいることを余儀なくされている女性たちがいます。一方、給料と保育料のアンバランス（ケース⑤）、自らの手で子育てすることへのこだわり（ケース⑥）など母親自身の選好により、貧困や低収入ながらも専業主婦でいることを自ら選んだ女性もいます。

前者の不本意なケースは、私の当初予想とおおむね一致したものです。「貧困なのに専業主婦」というジレンマの生まれる環境として、ケース①～④に代表されるように「やむをえない」状況が比較的容易に理解できます。一方、後者の自ら選択して専業主婦になるケースについては、多少の違和感が残ります。

例えば、彩さん（ケース⑤）の場合、給料と保育料のアンバランスを不就業の理由としていますが、1円でも多く家計の足しに出来たら良い状況のはずなのに、月額4万円の収入を手放す彼女の選択にはやや合理性が欠けているようにも見えます。

また、恵さん（ケース⑥）は、子どものために保育所を利用してまで働きたくないとしていますが、それはただの思い込みかもしれません。東京大学の山口慎太郎准教授らの研究をはじめ、保育所に通うことは、恵まれない家庭の子どもの情緒発達、健康などに良い影響があるという調査結果もあります。恵さんの不就業は、実際は子どものためになっていない可能性が高いのです（詳細は第5章参照）。

では、「貧困なのに専業主婦」を自ら選択した女性の行動について、どのように合理的な解釈ができるでしょうか。第7章（「理由」）と第8章（「罠」）では、詳細な分析と議論を展開していきます。その前に、まず統計分析の結果を中心に、貧困専業主婦家庭の子どもの間に潜むさまざまな格差の現状を探ります。

（1）熊本市の保育料は、熊本市のホームページを参考にした（アクセス日：2017年10月27日）。

第4章　格差

格差の世代間連鎖

「親の経済格差」が「子どもの格差」に連鎖するということは、昔も今もよく見られる社会現象の1つです。両者の連鎖は戦後の財閥解体直後と高度経済成長期ではやや弱まったものの、近年は再び強くなってきていると考えられます。

本章では、貧困専業主婦世帯の子どもたちの「食」「健康」「ケア」、そして「教育」が、親の低収入によってどれだけ影響を受けているのかを明らかにしていきます。

「食」格差――2割は食料不足が常態化

食品ロスが問題となっている今、飢餓や栄養失調といった絶対的貧困状態に陥っている日本人などいないだろうと多くの人は思っているはずです。しかしながら、２０１４年9月25日に放送

【表４－１】必要な食料を買えないことがある世帯の割合（%）

	①よくあった	②時々あった	③まれにあった	④全くなかった	合計	（再掲）①＋②
世帯年収階級別			***			
500万円未満	4.1	10.3	18.0	67.6	100.0	14.4
500万円～800万円未満	1.1	4.6	7.7	86.6	100.0	5.7
800万円以上	1.2	0.9	3.1	94.8	100.0	2.1
子育て世帯全体	2.1	5.2	9.5	83.2	100.0	7.3
専業主婦世帯：貧困・非貧困別			***			
非貧困専業主婦世帯	0.9	2.4	6.7	90.1	100.0	3.3
貧困専業主婦世帯	7.6	12.0	17.4	63.0	100.0	19.6
専業主婦世帯全体	1.5	3.3	7.7	87.5	100.0	4.8

出典：JILPT「子育て世帯全国調査2016」より筆者が集計。ただし、貧困専業主婦世帯は標本サイズが小さいため、下段は2011-2016年調査（計４回）の全サンプルを用いた集計結果である。

注：⑴欠損値を除いた集計結果。

⑵ ***（p値 <0.01）→カイ二乗検定の結果、グループ間の差異が顕著と認められる。

されたＮＨＫクローズアップ現代「おなかいっぱい食べたい～緊急調査・子どもの貧困～」（1）では、３度の食事すらままならない子どもたちが少なからず存在することが報じられ、社会に衝撃を与えました。

ＮＨＫが取り上げた事例はやや極端なものだったのかもしれません。しかし、子どもの食事に十分なお金をかけられない貧困家庭が、日本でも決して珍しくないことは事実のようです。【表４－１】は、過去１年間に、お金が足りなくて、家族が必要とする食料を買えないことが「よくあった」、または「時々あった」と回答した世帯の割合をみたものです。子育て世帯の約７％、専業主婦世帯の約５％が、このような状態に陥っていることが分かります。

食料を買えないことがある世帯の割合は、

当然ながら所得層が高ければ高いほど少なくなる傾向にあり、所得階層間の差は顕著です。食料が買えないという現象は、年収５００万円以上の世帯ではほとんど見られませんが、年収５００万円未満の世帯では、７世帯に１世帯の割合で生じています。

貧困専業主婦世帯に限ってみれば、必要な食料を買えないことが「よくあった」（８％）または「時々あった」（12％）と回答した世帯の割合は約20％にも上ります。つまり、貧困専業主婦世帯の５世帯に１世帯が、食料不足の状態に陥り、それが常態化していることが分かります。

「健康」格差――子どもは６人に１人が病気か障害

次に、貧困専業主婦世帯の子どもの健康状態について見てみましょう。健康状態も、それ以外の世帯の子どもに比べて格差が生じています。子どもの健康状態が「おおむね良好」である割合は、貧困専業主婦世帯で83％となっており、これは子育て世帯全体より10ポイント低く、年収５００万円未満の低収入世帯と比べても９ポイント低いことがわかります（【表４－２】）。

また、貧困専業主婦の６人に１人は、子どもが「軽い持病」をもっている（13％）、または「重病・難病・障害」を抱えています（４％）。この割合は、非専業主婦世帯や他の低収入世帯と比較しても明らかに高くなっています。

もっとも、貧困専業主婦世帯の子どもの不健康は、貧困そのものに原因があるかどうかは定かではありません。一般に、貧困が子どもの健康状態に影響する経路として、食料不足によって栄

【表4－2】子どもの健康状態（%）

	世帯年収階級別				専業主婦世帯：貧困・非貧困別		
	500万円未満	500万円～800万円未満	800万円以上	子育て世帯全体	非貧困専業主婦世帯	貧困専業主婦世帯	専業主婦世帯全体
		n.s.			**		
おおむね良好	91.7	92.9	93.8	92.8	92.9	83.0	91.8
軽い持病あり	6.4	6.0	4.8	5.8	6.0	13.2	6.8
重病・難病・障害あり	1.9	1.1	1.4	1.5	1.1	3.8	1.4
合計	100.0	100.0	100.0	100.0	100.0	100.0	100.0

出典：JILPT「子育て世帯全国調査2014」より筆者が集計。ただし、貧困専業主婦世帯は標本サイズが小さいため、右側は2012年と2014年調査のサンプルを用いた集計結果である。
注：n.s.（p値 >0.1）→差異が不顕著／**（p値 <0.05）→差異が顕著

養状況が悪くなることが考えられます。しかし、貧困家庭の中でも、前出の恵さんのように、特売豚肉のまとめ買いを行ったり、家庭菜園の野菜のお裾分けを得たりして、少ない収入ながらも子どもたちに手作り食を食べさせようと気をつけている例もあります。逆に、お金があっても、食事を作る時間を惜しんだり、子どもにファストフードやおやつを与えすぎたりして、子どもの健康に気をつけない家庭もあります。

実際、【表4－2】によれば、世帯年収と子どもの健康状態との間には明確な関係が見いだせません。子ども（第1子、以下同）の健康状態が「おおむね良好」と回答した世帯の割合が、どの収入層においても9割強となり、グループ間の差異はあまり顕著ではありません。

貧困専業主婦の場合、子どもの健康状態が総じて良くないことは貧困の「結果」ではなく、むしろそ

【表4－3】児童虐待の疑いがある母親の割合（%）

	世帯年収階級別				専業主婦世帯：貧困・非貧困別		
	500万円未満	500万円～800万円未満	800万円以上	子育て世帯全体	非貧困専業主婦世帯	貧困専業主婦世帯	専業主婦世帯全体
		***				**	
行き過ぎた体罰の経験のみ	7.1	6.3	6.3	6.6	5.5	6.5	5.6
育児放棄の経験のみ	2.9	0.4	1.0	1.5	0.5	3.2	0.7
両方経験あり	1.3	0.7	0.3	0.8	0.9	0.0	0.8
両方経験なし	88.7	92.7	92.4	91.2	93.2	90.3	92.9
合計	100.0	100.0	100.0	100.0	100.0	100.0	100.0
(再掲)							
育児放棄の経験あり	4.2	1.0	1.3	2.3	1.4	3.2	1.5
いずれか経験あり	11.4	7.3	7.6	8.9	6.8	9.7	7.1

注：⑴JILPT「子育て世帯全国調査2012」より筆者が集計。ただし、貧困専業主婦世帯は標本サイズが小さいため、右側は2011-2016年調査（計4回）の全サンプルを用いた集計結果である。
⑵ **(p値<0.05)、***(p値<0.01) →差異が顕著

の「原因」である可能性があります。つまり、子どもの病気や障害が原因で、母親は働きたくても働けず、貧困ながらも専業主婦でいることを余儀なくされているのかもしれません。この点についての詳細な検証は、第7章で行います。

「ケア」の格差——貧困・低収入と育児放棄

貧困専業主婦世帯の子どもは、親からの「ケア」の面でも、格差がはっきりと存在しています。【表4－3】は、過去に子どもに対して、「行き過ぎた体罰」や「育児放棄」などの、いわゆる何らかの虐待行為を行ったことのある母親の割合を見たものです。非貧困

専業主婦は6・8%ですが、貧困専業主婦では9・7%にも達しています。

世帯収入と虐待行為との間には、ある程度の相関関係が確認できます。過去に子どもに何らかの虐待行為を行ったことのある母親の割合は、年収500万円未満の世帯では11・4%に達していますが、年収500万円以上の世帯では7%台です。

また、特に「育児放棄」について、貧困専業主婦、低収入と高収入世帯の間で、発生率の差異が大きいことは注目に値します。貧困専業主婦と非貧困専業主婦と比べて、母親による「育児放棄」の発生率が2倍以上(3・2%に対して1・4%)となっています。年収500万円未満の世帯における「育児放棄」の発生率(4・2%)も、年収800万円以上の世帯の約3倍です。

虐待行為とは、子どもへの「ケア」が行われないどころか、マイナスの形でふれ合いが発生しているということです。例えば、昨年3月、東京都目黒区で当時5歳の女の子が両親から十分な食事を与えられず死亡した虐待ケースでは、母親は、継父から虐待を受ける女の子に適切な処置をとらず、育児放棄していました。また、今年1月に千葉県野田市で小学4年生の女の子が度重なる身体的虐待を受けて死亡した事件では、父親が主な加害者でしたが、母親もそれに加担したものと思われます。

母親による児童虐待の発生要因としては、失業、低収入、精神的孤立などの「経済・社会環境要因」と、母親の健康問題、社会的未熟さ、知的能力の低さなど「病理的要因」に大別できますが、児童虐待が起きる背景は複雑であり、単一的な要因では説明できない場合が多いのです。「経済・社会環境要因」は、親の「病理的要因」と複雑に絡み合いながら、児童虐待を誘発させていると考えるのが妥当でしょう。[2]

例えば、身体や「こころ」に問題を抱えている人は、良い仕事につきにくかったり、孤立無援な状態になりやすかったりします。他方、恵まれない経済・社会環境にいる人間は、身体や「こころ」の面において様々な支障をきたすリスクが高くなります。これは、行動経済学では「欠乏」理論によって説明することが可能です。すなわち、貧困に伴う種々の「欠乏」に囲まれる中、人々は別の新しいことに関わる余力、いわゆる脳の処理容量が不足しがちになります。育児活動においては、貧困がもたらす脳の処理容量の不足が、育児放棄、過剰なしつけや、子どもに怒りすぎる等の病理的な行動として現れることがあります。[3]

貧困専業主婦の場合、夫が低収入のため、「経済的資源」は非常に乏しい状況にあります。こうした「経済的資源」の欠如がもたらす身体や「こころ」の面の支障が、貧困専業主婦において児童虐待の発生リスクを高めていると考えられます。

「教育」格差——「人並みの教育をさせてあげられない」

貧困と低収入はまた、子どもの「教育」機会を乏しくする懸念があります。欧米諸国に比べて、日本では塾・予備校を含めた学校外教育費支出の比重が高く、大学進学においても、親が子どもの大学の入学金や授業料を負担することが一般的です。そのため、親の経済力は、子どもの「教育」機会を大きく左右します。親の所得が低い子どもほど、塾・予備校が利用できず、良い教育を受ける機会が失われている可能性が高いと言えます(4)。

由美子さん(45歳、仮名、2012年質問紙調査)は、長崎市在住の専業主婦です。彼女は、子どもに人並みの教育を受けさせられないことで頭を悩ませ、経済面の援助を求めるSOSを自由記述欄に書いています。児童手当の増額を望むと同時に、水道代や学校での集金額の減免などの支援を求めています。

「収入と支出のバランスが悪いです。そのために、子供に人並みの教育(習い事・塾・部活動・友達付き合い等)をさせてあげることが出来ません。長崎市の水道代がとても高く、節約しても1万5000円以上になってしまいます。……小学校と中学校で、色々と余分にも思える支払い等が多いので、この辺が少なければ助かります」

公立学校に通う子ども3人と夫との5人家族ですが、夫の手取り年収は200万円しかなく、水道料金をしばしば滞納するほどの困窮ぶりです。収入が低いため、子どもたちは皆、習い事や塾を利用していません。学業成績は、いずれの子どもも遅れているレベルで、中学生の長男には不登校の経験もありました。金銭面の制約により、子どもたちは部活動や友達付き合いも満足にできない状況です。子どもたちの学校での交友関係やいじめ問題も、由美子さんにとっての悩みの種です。

学力不振、学校での孤立、いじめ、不登校——貧困と深い関わりのあるこれらの教育問題に、由美子さんの子どもたちがぶつかり、解決できずにいます。

学校外教育費支出で広がる「教育」格差

「子どもの学力格差は、親世代の格差が子世代へと再生産され、人生のスタートラインにおいて機会が決して平等に開かれているわけではないことを端的に示す」

教育社会学者の耳塚寛明教授（お茶の水女子大学）は、その著書『教育格差の社会学』の中でこのように警鐘を鳴らしています(5)。

耳塚教授の指摘を要約しますと、子どもの学力を左右する家庭的要因は、大きく2つあるとのことです。1つは、世帯所得に代表される家庭の「経済資本」。もう1つは、親自身の学歴や子どもへの学歴期待といった家庭の「文化資本」です。両者は、表裏一体の関係にあります。一般的に、高収入家庭ほど親自身も高学歴で、子どもへの学歴期待が高く、子どもの教育に熱心です。

家庭が所有する経済資本と文化資本の多寡は、端的に学校外教育費支出に表れています。塾を含む学校外教育費支出の多い家庭ほど、世帯所得が高く、親自身が高学歴で教育に熱心であるという具合に、経済資本と文化資本の両方が多い傾向にあります。そのため、学校外教育費支出の

【図4－1】　学校外教育費支出額別、小6算数学力平均値

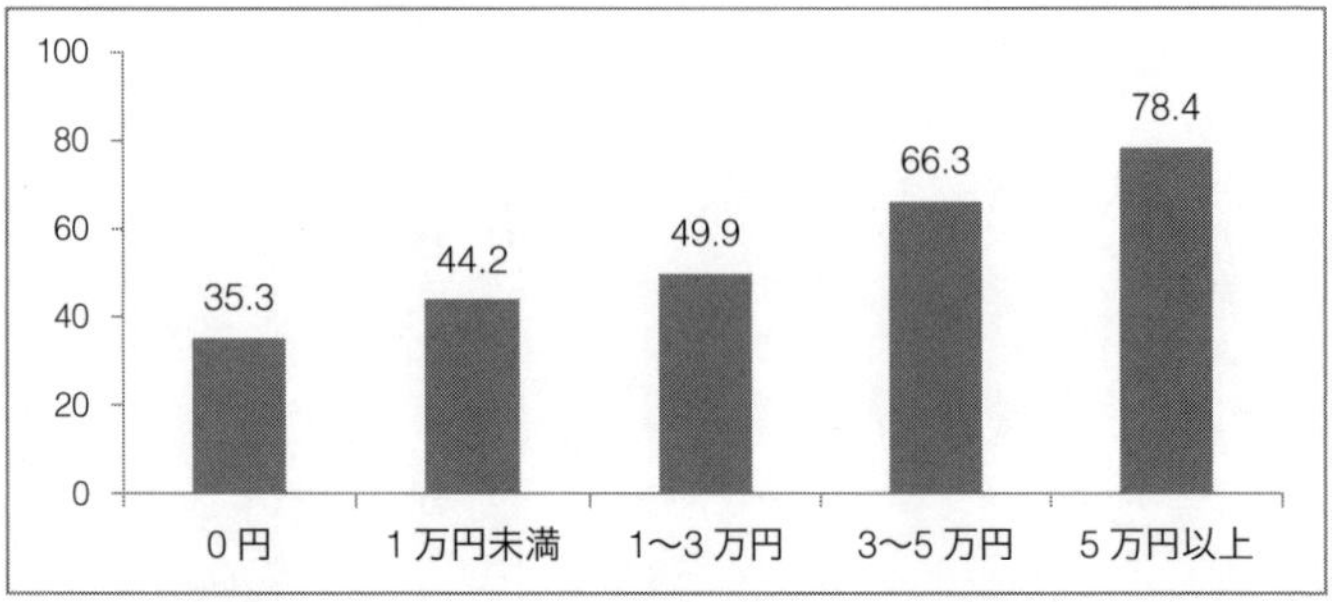

出典：耳塚寛明編（2014）『教育格差の社会学』有斐閣アルマ、11頁。

高い家庭ほど、その子どもの学力が高いと予想されます。

実際、耳塚教授の率いる研究班が全国の小学6年生を対象に、算数学力の決定要因を調べたところ、①学校外教育費支出、②保護者の学歴期待、③世帯所得、④母親学歴のうち、学校外教育費支出の影響力がもっとも大きいことが判明しました。学校外教育費支出が増加するほど、子どもの算数の学力が高いことがわかります（【図4－1】）。

学校外教育費支出と子どもの学業成績との相関関係は、JILPTの調査からも確認できます（【図4－2】）。小中高校に在籍中の子どもの学業成績全般について、保護者に5段階で評価してもらったところ、「かなり遅れている」または「遅れている」と回答した親の割合は、習い事・塾代支出がない世帯では16％となっていますが、支出が2万円を超える世帯では8％となっています。

学校外教育費支出と学業成績の関連性は、小6と中3の子どもに顕著に現れています。学校での勉強が「(かなり)遅れている」小6の子どもの割合は、「出費がない」世帯

【図４－２】 学校での勉強が「（かなり）遅れている」子どもの割合（％）——習い事・塾代支出別（月額）——

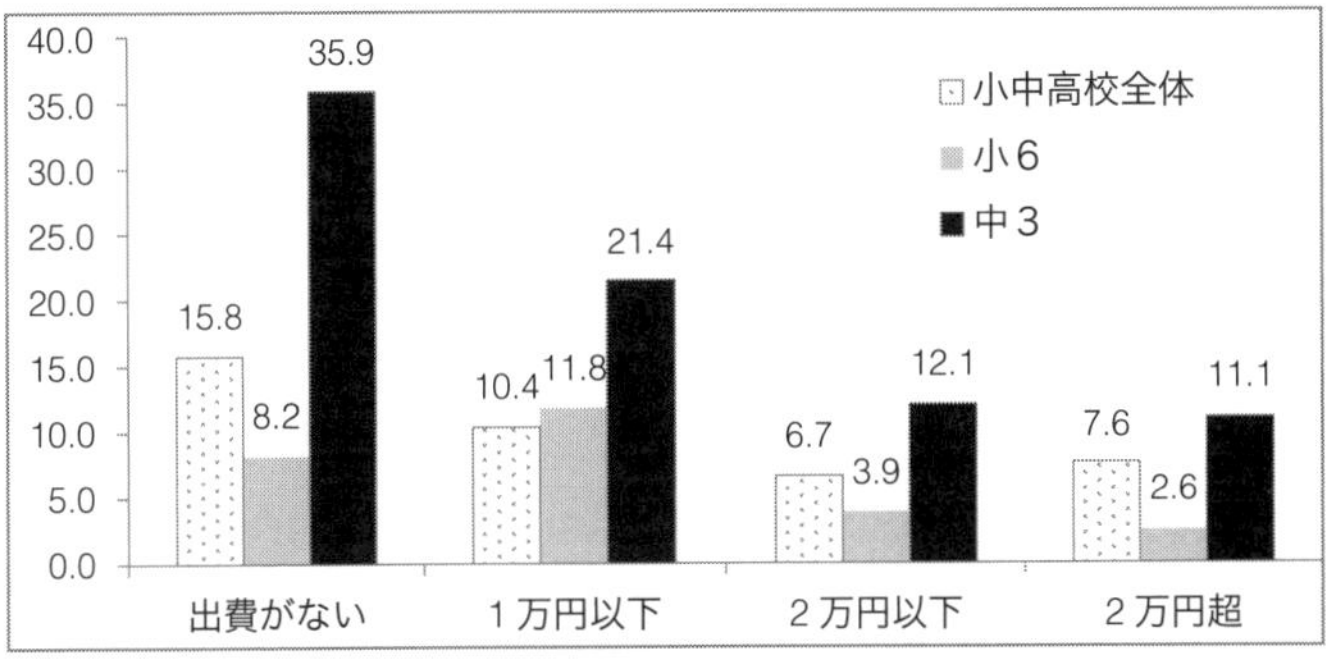

出典：JILPT「子育て世帯全国調査 2011-2016」より筆者が集計（小中高校に在籍中の第１子について）。

では８％であるのに対して、「（出費が）２万円超」の世帯では３％となっています。勉強の内容がより高度になった中３となると、学校での勉強が「（かなり）遅れている」子どもの割合は、「出費がない」世帯では36％であり、小６段階に比べて28ポイントも上昇していますが、「（出費が）２万円超」の世帯では11％で８ポイントしか上がっていません。

公立学校教育の機能不全

日本では塾などの学校外教育費支出が子どもの学力を大きく左右していますが、これは裏を返せば、公立学校教育に問題があると言えます。教育機会を平等化する機能を、公立学校教育がうまく果たせていないのです。

陽子さんは、滋賀県東近江市在住の47歳の専業主婦（仮名、２０１２年質問紙調査）。中学校卒ですでに社会人となった長男（18歳）とは別居し、現在は子ども3人と夫との5人暮らしですが、世帯手取り年収は180万円しかありません。経済的に苦しいため、学校での勉強が遅れている中学生の次男（13歳）を含め、高校生の長女（17歳）と小学生の三男（8歳）は、いずれも塾や習い事に通っていません。

子どもたちの教育はすべて公立学校に任せていますが、陽子さんは自由記述で公立教育に対して多くの不満を漏らしています。

「〈前略〉学校の先生も、塾に行くだろうという安易な考えからか、塾の先生より、教え方が雑な気がしてなりません。世の中の子供がみんな塾へ行く訳ではないのだから、学校でもっと詳しく、ゆとりをもって教えてほしいと思います。ただ、教えればいいというのではいけないと思います。子供も、授業が早すぎてついていけないと、こぼしています」

同様な意見は、兵庫県赤穂《あこう》市在住の理恵さん（仮名、39歳、2014年質問紙調査）からも寄せられています。現在、13歳の長女の学業成績は「まあまあ良い」ですが、10歳の次女は勉強が「遅れている」状態。夫と子ども3人の5人家族で世帯手取り年収は250万円しかないため、いずれの子どもも塾に通わせていません。公立学校の教育内容について、期待と不満の入り交じった複雑な心境を吐露しています。

「子供が塾などに行かなくてもいいように、学校がしっかり子供一人一人見ていて欲しい。学校の指導できちんとして欲しい」

生活に余裕がない中でも、生活費を切り詰めて子どもを学習塾に行かせる親は少なくありません。神戸市須磨区在住の41歳の純子さん（仮名、2012年質問紙調査）もその内の1人です。純子さんの家は、2歳の娘を含む4人の子どもを育てている専業主婦世帯ですが、世帯の税込年収は500万円（手取りは420万円）程度。そのうち、中3の長女（15歳）と中1の長男（12歳）の学習塾にそれぞれ月額2万円かかり、貯蓄はほとんどなく生活がギリギリの状態です。それでも、子どもを学習塾に通わせざるを得ない理由を、純子さんは以下のように記しています。

「長男はとても勉強嫌いですが、塾の勉強は楽しいと言っている一方、学校の授業は全く理解していません。勉強の教え方にも問題があると思います。学校の先生は行事、部活、授業と仕事が多すぎるのかなと思います。先生に時間があれば、授業内容も良くなり、塾に行かせることもなくなり、経済的にも楽になると思います」

年収500万円で明暗が分かれる学校外教育費支出

前述の陽子さんと理恵さんはいずれも、貧困専業主婦です。公立学校の勉強に遅れをとってい

【表４－４】世帯年収別、子どもの習い事・塾代支出（%）

	世帯年収階級別				専業主婦世帯：貧困・非貧困別		
	500万円未満	500万円～800万円未満	800万円以上	子育て世帯全体	非貧困専業主婦世帯	貧困専業主婦世帯	専業主婦世帯全体
出費がない	42.4	28.1	23.8	31.6	25.4	53.9	28.2
１万円以下	30.1	33.1	19.1	28.0	26.3	23.1	26.0
２万円以下	17.5	21.6	20.0	19.8	26.3	7.7	24.4
２万円超	10.0	17.3	37.2	20.7	22.0	15.4	21.4
合計	100.0	100.0	100.0	100.0	100.0	100.0	100.0

出典：JILPT「子育て世帯全国調査2011-2016」より筆者が集計（小中高校に在籍中の第１子について）。

る子どもがいますが、彼女たちはいずれも子どもたちを塾に通わせていません。平均費用が２万円以上もかかる学習塾の利用は、ほとんどの貧困専業主婦世帯にとって、高嶺の花なのです。

ＪＩＬＰＴの調査によれば、貧困専業主婦世帯の約半数が「子どもの学習塾代」を「負担できない」と回答しています。「負担するのは厳しい」と答えた者と合わせると、貧困専業主婦世帯の約４分の３は、子どもの学習塾代を負担することが難しいと感じているようです（周２０１５）。

【表４－４】をみると、小中高校に在籍中の第１子に２万円超の習い事・塾代を支出している貧困専業主婦世帯は、全体の15％しかありません。一方、非貧困専業主婦世帯の２割強、年収８００万円以上世帯の４割弱は、第１子に月あたり２万円超の習い事・塾代を支出しています。

２万円超の習い事・塾代を支出する世帯の割合は、年収階級と正比例の関係にあり、年収800万円以上の階層では37％、年収500万円〜800万円未満の階層では17％、年収500万円未満の階層では10％となっています。

一方、学校外教育費支出の有無を決める世帯年収のボーダーラインは500万円と見られます。「（習い事・塾代の）出費がない」と答えた世帯の割合は、年収が500万円未満の世帯では42％に上りますが、年収500万円〜800万円未満の世帯と年収800万円以上の世帯ではともに2割台となっています。

大都市ほど「教育」格差が厳しい

学校外教育費支出は、大都市部ほど、広く行われています。小中高校在籍中の第1子に対して、習い事・塾代を2万円超支出している世帯の割合は、人口20万人未満の地域では18％ですが、東京23区、政令指定都市では26％、うち首都圏（1都3県）に至っては30％を超えています（【図4−3】）。

また、合格のために多額の塾代がかかり、入学後も授業料負担が重い私立学校の在籍率も、大都市部ほど高くなっています。私立学校は大都市部に集中していることが、その背景にあります。私立学校に在籍している小中高校生（第1子）は、人口20万人未満の地域では全体の1割程度ですが、東京23区、政令指定都市では2割、うち1都3県では4分の1に上っています。

上記いずれか（習い事・塾代を2万円超または私立学校在籍中の子どもを持つ）が当てはまる世帯の

【図4－3】都市規模別、習い事・塾代支出が2万円超の割合と私立学校在籍割合（%）

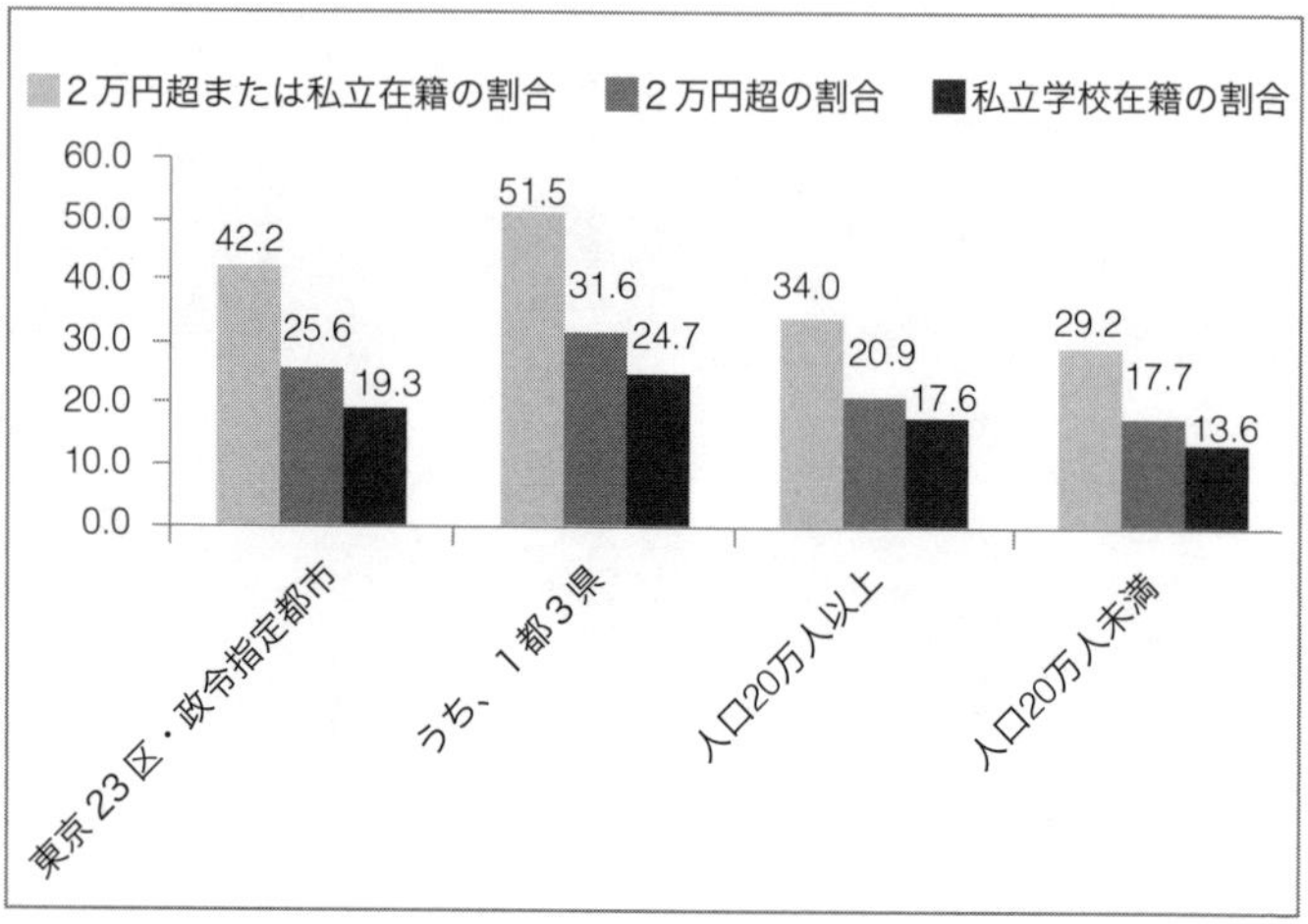

出典：JILPT「子育て世帯全国調査2011-2016」より筆者が集計（小中高校に在籍中の第1子について）。

注：私立学校在籍者のうちに、受験が必要である国立学校在籍者も一部含まれている。

割合をみると、東京23区、政令指定都市では4割強、1都3県では約5割に達しています。学校外教育費支出と私立学校の利用が一般化している大都市では、貧困専業主婦世帯の子どもはより厳しい「教育」格差の現実に直面していると言えるでしょう。

格差の現状が示唆する子どもたちの厳しい未来

本章の分析結果により、「食」「健康」「ケア」および「教育」といった多方面にわたり、貧困専業主婦世帯の子どもが格差に直面していることが分かりました。

「食」「健康」および「ケア」の

格差と比べて、「教育」格差はとりわけ根深い問題です。前者の影響は、乳幼児期やライフステージの早い段階に止まる一方、後者の影響は子どもの未来を左右する半永続的なものとなるからです。学校外教育費支出を負担する親の経済力の差異により、貧困専業主婦世帯と非貧困専業主婦世帯、低収入世帯と高収入世帯の子どもの間に明らかな学力差が生じていることは、子どもの未来の所得や階層移動に負の影響を及ぼす可能性が高くなります。

一方、貧困・低収入世帯の専業主婦の多くは、「自分の手で子育てしたい」「家事と育児をきちんとやりたい」など、子どものために現在の苦しい経済状況に耐えようとしているようです。貧困・低収入世帯の専業主婦の思い描いた理想の子育て像と現実との間に、明らかな乖離が生じています。

（1）放映内容はＮＨＫのホームページでも見られる。
（2）周燕飛（２０１９）「母親による児童虐待の発生要因に関する実証分析」『医療と社会』29⑴、１１９～１３４頁。
（3）S.Mullainathan and E.Shafir（2013）*Scarcity: Why Having Too Little Means So Much*（Times Books, NY）
（4）詳細については、橘木俊詔（２０１７）『子ども格差の経済学』（東洋経済新報社）を参照。
（5）耳塚寛明編（２０１４）『教育格差の社会学』有斐閣アルマ、１～５頁。

第5章　ズレ

主婦「美」

子どもが小さい時期は、家事と並行して育児する専業主婦のシゴトは365日年中無休の「重労働」です。子どもにミルクや離乳食を作ったり、公園に連れて行ったり、絵本を読んだり、寝かし付けたり……1日のほぼすべての時間は子どもと一緒にいて、片時も目が離せません。幼い子どもを育てる専業主婦のシゴトはまさにコーヒーを飲む暇もないほどの忙しさなのです。

幼稚園や小学校に上がっても、主婦のシゴトは楽になりません。通園・通学の準備や弁当づくり、習い事や塾の送迎、保護者会や運動会、学芸会や授業参観、学校の宿題の手伝い、PTA活動や学校のサポートなど、主婦がかかわるシゴトの範囲はむしろ広がる一方です。

千葉県市川市在住の久美子さん（仮名、43歳、短大卒、2012年質問紙調査）も、このような多忙な日々を送る主婦の1人です。大手企業の事務職など、16年間の正社員経験を持ちながらも、

7年前に長女の育休明けとともに専業主婦になり、現在は、8歳と6歳、3歳の子ども3人を育てています。

久美子さんはほぼ毎日、子どもと一緒に夕食を取っており、余暇時間のほとんどは子どもたちと過ごしています。炊事、洗濯と掃除をこなす家事時間は、1日あたり平均7時間に及びます。長女が通う小学校のサポート活動も積極的に行っており、お金にはならないですが「人のために」と、働きがいを感じているといいます。彼女は、「専業主婦のサポート力を軽視する社会傾向に不安を感じる」と語り、主婦のシゴトへの誇りを持ちながらも、一般企業に勤める「仕事」に復帰できるか不安を抱えています。

「『働く母親像』が、外で働く姿ばかりクローズアップされて良くない。かつて『主婦「美」』といわれたように、家族の就労サポート、学校のサポートも『仕事』……主婦は復職すると社会経験から（望まない雑用でもひきうける心意気）、汎用性の高い仕事ができる。子供が小さいうちは、子供のため、母自身の人間育成のために（自分より人のために動ける）習得の期間として、主婦期を尊重することが、のちのち女性が社会で大きく活躍できると思う……」

貯蓄もできず、暮らし向きが苦しい中で、いずれは仕事を再開したい。その時に、専業主婦期の経験は無駄ではないだろうと、久美子さんは考えています。その際には、正社員として再就職するのではなく、フリーランスとして働きたいと、彼女は希望しています。

　末子がこの春に幼稚園に入園したこともあって、よく言われる「保育の手だてがないこと」や「子育てに専念したいこと」は、もはや不就業の理由ではないと久美子さんは言います。それより、「時間について条件の合う仕事がない」「不景気で、仕事が来ない」ことの方が、彼女が今も就業することができない理由となっています。

「いざ働こうと思っても働き口がない」――久美子さんは多くの中年期の主婦と同じように、再就業の機会を窺いながらも、専業主婦を続ける日々に苛立ちを覚えています。いつしか自分の思い描いた仕事復帰のシナリオと、現実との間にズレが生じているからです。

子どものために

　子どもが小さいうちは、経済状況が多少苦しくても、専業主婦でいる方が「子どものため」になると、そう信じている日本人は、今も少なくありません。JILPT調査によれば、「母親の就業は、未就学の子供に良くない影響を与える」という考えに、「賛成」または「まあ賛成」の意見を持つ保護者の割合は、母親では37％、父親では58％に上ります。専業主婦の女性に限ってみれば、賛成意見を持つ者の割合は、５割に達しているのです（JILPT 2017）。

　同じく専業主婦に、「仮に自分が就業したら、子供のしつけがいき届かなくなる」ことについての意見を調査したところ、肯定的な意見を持つ者は、全体の６割強を占めていることが分かり

【図5－1】 仮に就業したら「子どものしつけがいき届かなくなる」と思う者の割合(%)

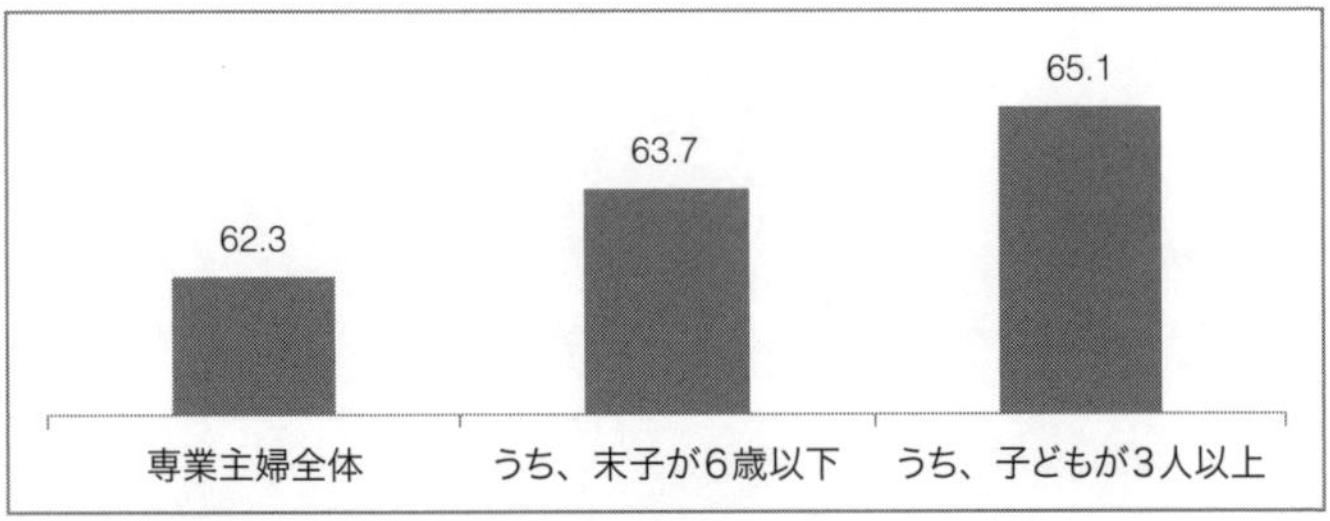

出典:JILPT「子育て世帯全国調査2012」より筆者が集計。
注:専業主婦の内、「あてはまる」または「まああてはまる」と回答した者の割合(無回答を除いた集計値)。

ました。末子が6歳以下である者や、3人以上の子どもを持つ者は、賛成する割合がさらに高くなります(【図5－1】)。

保育所利用の中長期的効果

母親が経済的困窮を甘んじて受け入れてでも専業主婦でいることは、はたして本当に子どものためとなっているのでしょうか。子どもの成長に有利な母親のあり方は、「3歳までは自宅保育→3歳～5歳に幼稚園利用」という伝統的な専業主婦コースなのでしょうか。それとも保育所を利用する夫婦共働きコースでしょうか。

保育所利用の中長期的な影響を示唆する調査結果が、最近公表されています。東京都が首都大学東京の阿部彩研究室と連携して、東京都内4自治体内(墨田区、豊島区、調布市、日野市)すべての小5、中2と高2(16～17歳の社会人を含む)児童本人とその保護者を対

【図５－２】 困窮層における保育所利用経験の有無別、就学児童の健康と学力状況（%）

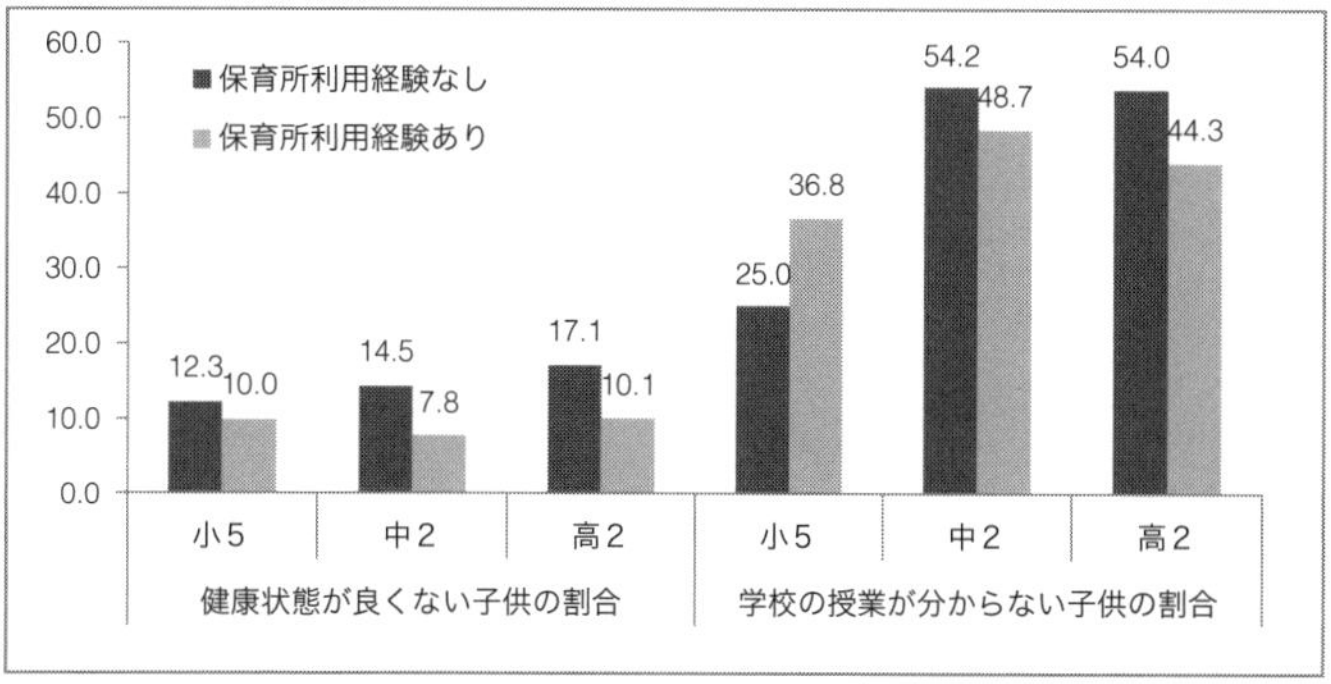

出典：東京都「子供の生活実態調査2016」（小中高校生調査）より筆者と阿部彩氏が集計。
注：無回答を除いた集計値である。

象に行った「子供の生活実態調査２０１６」（小中高校生調査）の結果です。

調査報告書(1)では、家庭の経済状況（所得以外の指標も含めて）に応じて、小中高校生のいる家庭を「困窮層」「周辺層」と「一般層」に分け、乳幼児期の生活環境、学校環境や親の働き方が、子どもにおける現在の生活と学びに与える影響などを調べています。ここで、とくに興味深いのは、乳幼児期の保育所利用経験と子どもの健康や学力調査の関係についての結果です。

【図５－２】は、同じ貧困家庭（「困窮層」）で育てられている子どもに限って、就学前に保育所を利用していた子どもと利用しなかった子どもの健康状態と学力を比較したものです。保育所を利用した子どもは、総じて「健康状態が良くない子供」が少なく、「授業が分からない子供」の割合も年齢を重ねるにつれ低くなることが分かっています。

一方、非困窮家庭（周辺層、一般層）の子どもについては、そのような一貫した結果が見えず、保育所の影響が確認できません。

この調査結果から貧困／低収入家庭においては、保育所に通ったことが、中長期的に何らかのポジティブな影響を子どもの健康と学力に与えている可能性があることが分かります。言い換えれば、母親が貧困／低収入にもかかわらず専業主婦でいることは、中長期的には（少なくとも健康と学力の面においては）子どものためになっていない可能性が高いのです。

実は、恵まれない家庭の乳幼児に無料また低料金の保育サービスを提供することが、子どもの発育に良い効果があることについては、海外では一定の合意が得られています。アメリカでは、50年以上前からすでに、その効果に注目し、ペリー幼児教育計画やヘッドスタートなどの支援プログラムが実施されています。ペリー幼児教育計画とは、1960年代に行われた2年間の就学前教育プログラムであり、経済的に恵まれない3～4歳のアフリカ系アメリカ人の子どもたちが対象となっていました。平日は2・5時間、学校での教育を施し、先生が週1回の家庭訪問をして指導にあたるというものでした。一方、ヘッドスタートとは、米連邦政府が65年から実施している育児支援施策の1つで、低所得家庭の5歳までの幼児と身体障害児を対象に、早期教育、健康促進、栄養改善、一時保育、育児指導などの多面的な支援を行っています。

これらのプログラムの効果については、米シカゴ大学のジェームズ・ヘックマン教授が行った一連の研究をはじめ、数多くの実証論文が発表されています。例えば、ある研究では、子どもが2人以上いる貧困/低収入家庭の生活状況を追跡して、同じ家庭内で育てられた兄弟姉妹の比較を行いました。その結果、乳幼児期にヘッドスタートの支援を受けた子どもは受けなかった子どもに比べて、19歳以降の大学進学率、10代出産率、犯罪率、健康状態など6項目にわたって、総じて良い結果を得ていることが分かりました。しかも、その効果は、より恵まれない状況下にいる黒人や、認知能力の低い母親を持つ子どもで顕著です。(2) ペリー幼児教育計画についても、同様な結果が得られています。(3)

中長期的にみて保育所利用が恵まれない家庭の子どもに良い影響を与える要因は、複数あります。栄養バランスの良い食事や、メンタル面でのケア、定期的な健康診断の提供、虐待の早期発見と防止、子どもの認知/非認知能力を伸ばす保育プログラムの適用などを通じて、保育所は不利な立場に置かれた貧困/低収入家庭の子どもの状況を改善することができます。また、保育所は、子育てなどに困っている親へ子育て相談などを通じて、より良いしつけや親業《おやぎょう》を伝授する役割も果たしており、それが間接的に子どもに良い影響を及ぼしていると考えられます。実際、日本の子どもを対象とした東京大学・山口慎太郎准教授らの研究では、保育所に通うことは、恵まれない家庭に育つ子どもの多動性・攻撃性傾向を減らし、母親の「しつけの質」を高める効果があると示唆されています。(4)

いずれかの時点で仕事復帰を希望

前述の通り、経済的困窮に喘ぎながらも専業主婦でいることは、中長期的には必ずしも子どものためになっていません。母親による一方的な思い込みに過ぎない可能性が高いのです。とはいえ、ずっと専業主婦のままでい続けるつもりの貧困主婦はそもそも少数です。

貧困層だけでなく、中間層や富裕層を含めても、ほとんどの専業主婦はいつか仕事復帰することを考えています。第1章、第2章でも触れていますが、日本の「専業主婦」は、主婦パートとしてある程度の仕事復帰を前提とするライフスタイルです。そのため、専業主婦に「今後働きたいと思いますか」と質問すると、「働きたい」という回答が圧倒的に多くあります。家計の補てん、住宅ローンの返済、老後資金の準備、社会とのつながり、才能の発揮など、専業主婦が仕事に復帰したい理由は、多岐にわたります。その中でも、子どもの教育費補てんは、主婦が再就職するもっとも強い動機の1つと言われています。

「育児を優先にしながら、徐々に仕事に復帰したい」「子どもが少し大きくなったら、仕事をしたい」など、あらゆる収入階層の専業主婦が仕事復帰への意欲を見せています。JILPT調査によると、「今すぐ働きたい」または「そのうち働きたい」専業主婦の割合は、世帯年収500万円~800万円の中間所得層が9割で最も高いですが、世帯年収800万円以上の高所得層でも4分の3程度を占めています。貧困専業主婦に至っては、9割弱の者が仕事復帰を望んでいます（【図5-3】）。

【図5－3】 世帯年収別の、仕事に復帰したい専業主婦の割合（%）

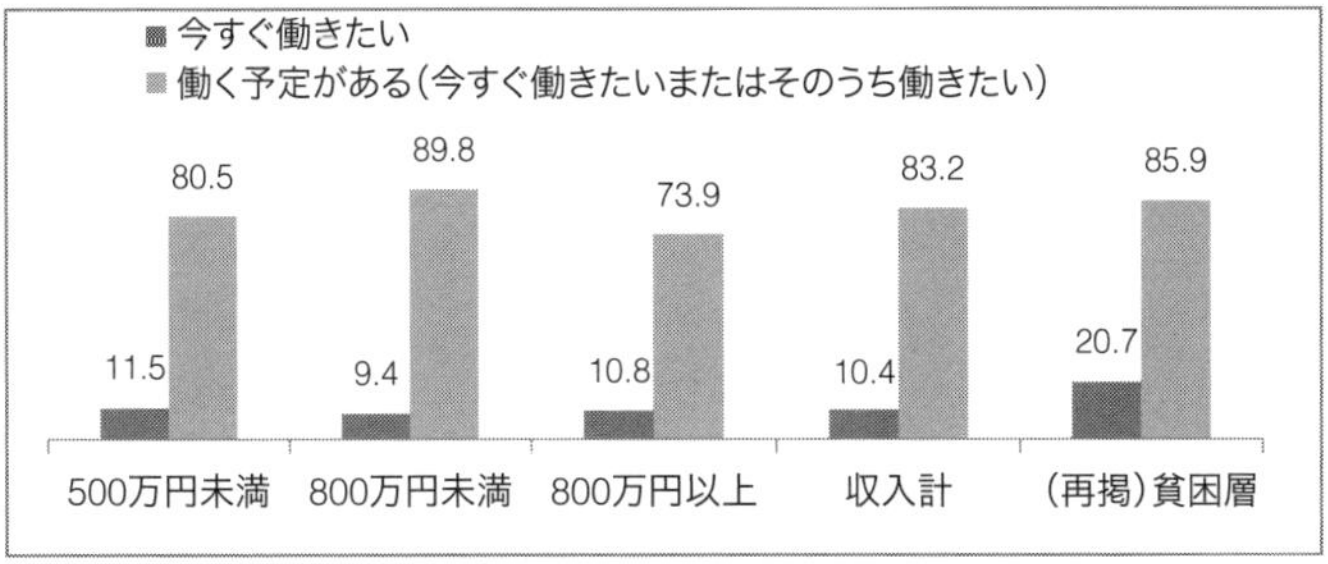

出典：JILPT「子育て世帯全国調査 2016」より筆者が集計。ただし、貧困層は 2011-2016 年調査（計4回）の全サンプルを用いた集計結果。

仕事復帰のタイミング

しかしながら、子育てが一段落したと感じるタイミングは、人それぞれです。子どもが卒乳することの多い1歳または1歳半頃、幼稚園に通い始める3歳頃、小学校に入学する6歳頃、保育が必要なくなる小学校高学年である9歳頃など、母親が安心して外で働ける理想のタイミングには、大きな個人差があります。一般的に、兼業主婦に比べて、専業主婦は、子育てが一段落したと感じるタイミングはやや遅い傾向にあります。

もっとも、専業主婦と兼業主婦のいずれも、「働いた方が望ましい」と思い始めるピークの時期は、子どもが小学校に就学する6歳頃となっています。専業主婦の35％、兼業主婦の31％は、子どもが6歳になる頃が理想の復帰タイミングだと考えています。「9歳頃」「12歳頃」またはそれ以降の時点と回答した者と合わせると、専業主婦の3人に2人は、子どもが小学校に就学する6歳頃またはそれ以降に仕事復帰を望んでいます(【図5−4】)。

ところが、子どもが小学校に就学する6歳頃またはそれ以降というタイミングで仕事に復帰しようとした場合には、「いざ働こうと思っても働き口がない」という壁にぶつかるリスクが高まります。

仕事復帰をめぐる理想と現実

【図5−5】は、子どもの年齢別に、配偶者のいる女性(有配偶女性)の「理想とする仕事復帰率」と「現実の仕事復帰率」を対比したものです。ここでの「理想の仕事復帰率」とは、妊娠・出産退職経験のある専業主婦のうち、それぞれの子どもの年齢段階において仕事復帰が望ましいと考える者の割合で、「現実の仕事復帰率」とは、末子がそれぞれの年齢段階に達している妊娠・出産退職者のうち、実際に仕事復帰を果たしている者の割合です。

仕事復帰をめぐる理想と現実のズレは、末子の年齢が7歳以上の主婦グループでは、顕著に現れていることが分かります。仕事復帰率における理想と現実のズレは、末子が6歳以下の主婦グループではほとんどみられませんが、末子が「7~9歳」では16ポイント、「10~12歳」では18ポイント、「13歳以上」では19ポイントまでに広がっています。

ただし、35歳以上の高齢出産者に限ってみると、あらゆる年齢グループにおいて、仕事復帰率における理想と現実のズレが15ポイント以上あります。高齢出産者は、末子が小学校高学年や中

【図5－4】 働いた方が望ましいと思い始める時の子どもの年齢（%）

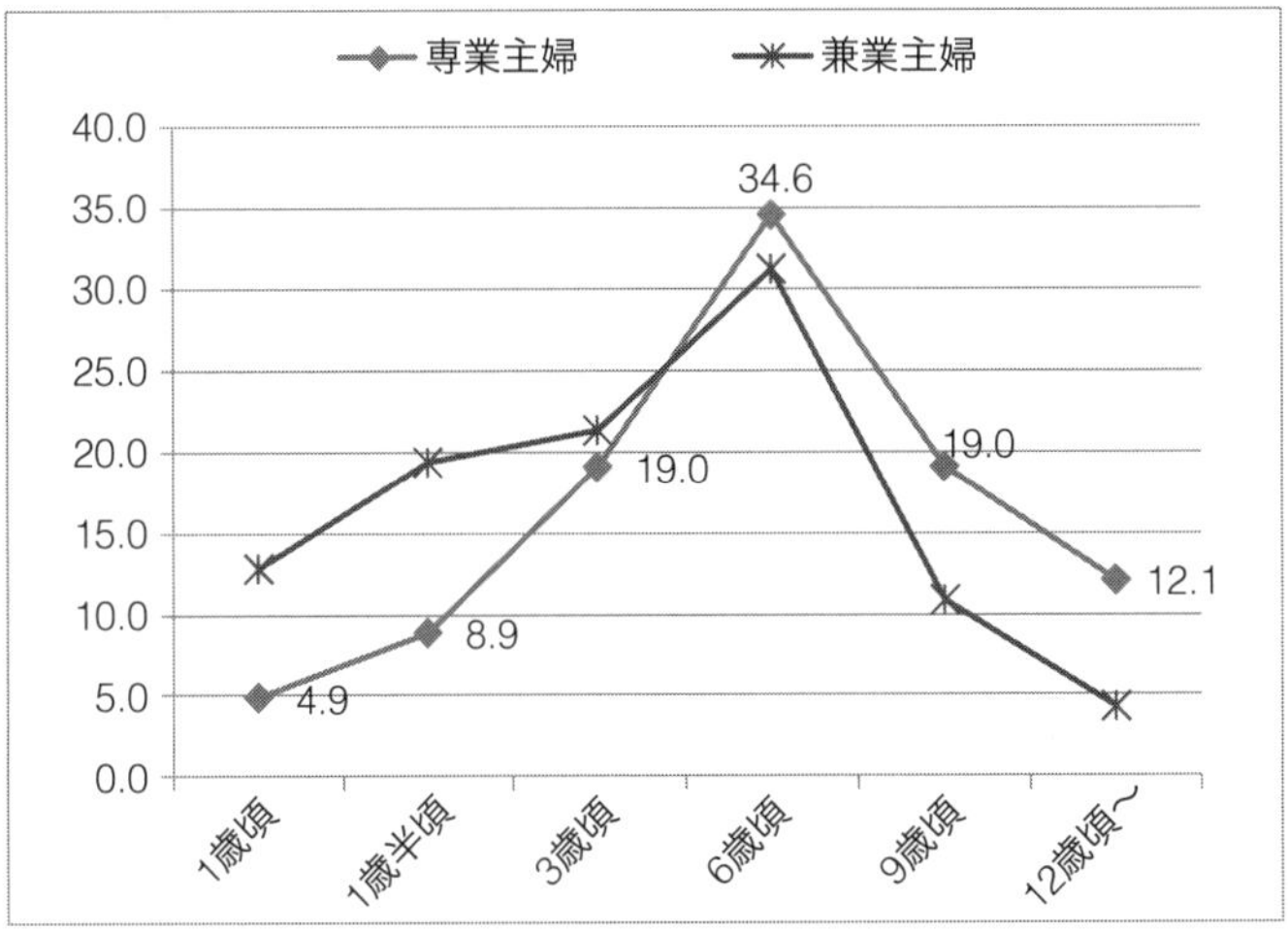

（再掲）

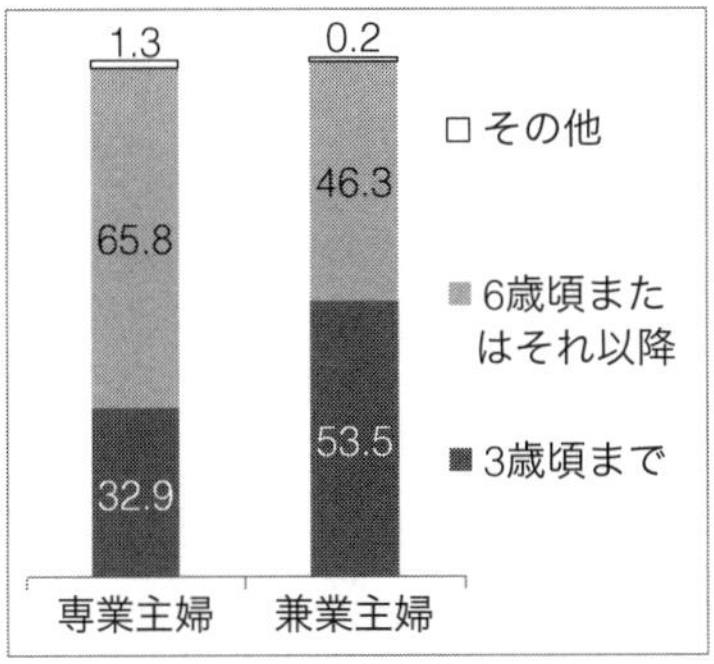

出典：JILPT「子育て世帯全国調査2014,2016」より筆者が集計（夫婦世帯の妻について）。

注：「その他」とは、すべての年齢段階において、専業主婦でいる方が望ましいと回答したケース。

【図5－5】 子どもの年齢層別、妊娠・出産退職者の仕事復帰率――理想 vs. 現実（%）

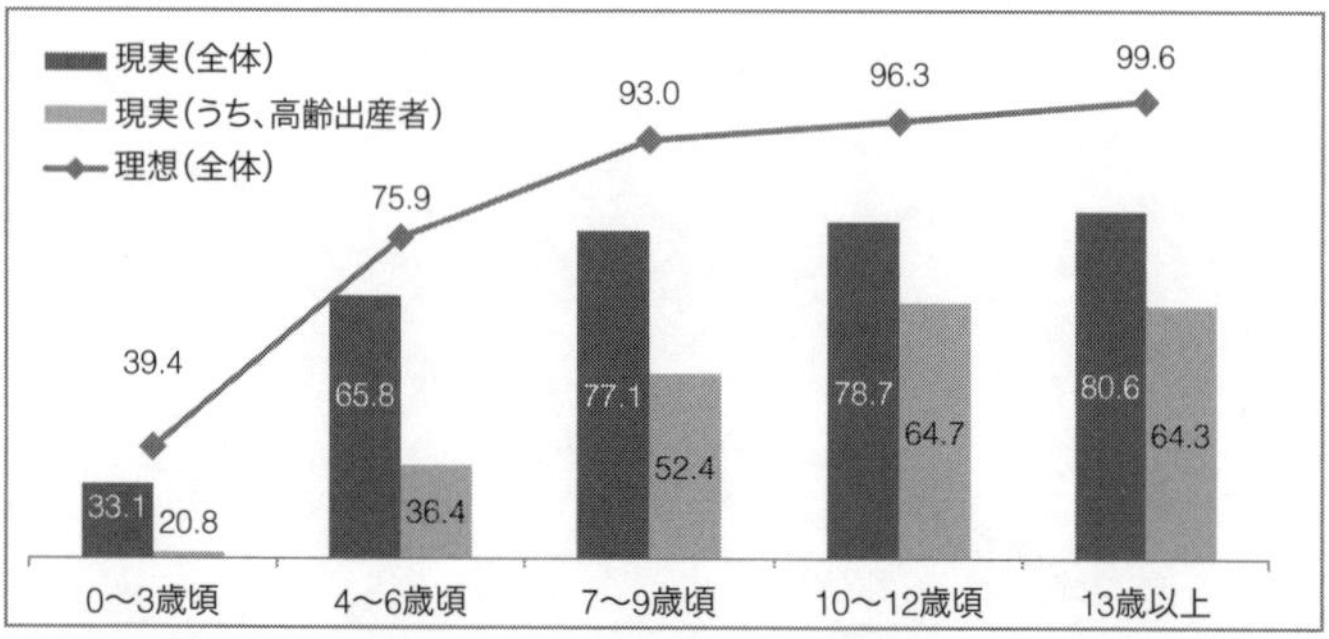

出典：JILPT「子育て世帯全国調査 2014,2016」より筆者が集計（第1子を妊娠してから出産後3年くらいまでの間に仕事を辞めたことのある有配偶女性について）。
注：「理想」とは、それぞれの子どもの年齢段階において仕事復帰が望ましいと考える者の割合。「現実」とは、末子がそれぞれの年齢段階に達している者のうち、実際に就業している者の割合。

高生になっても、仕事復帰率が6割程度に止まっています。理想の復帰率は9割以上であることから、3～4割の人は働きたいのに働けていないことが分かります。

ハイスペックな女性ほど仕事復帰の道が険しい

選ばなければ仕事はある――。我々がよく耳にする言葉です。しかし、実際に仕事を選ばずに働く人は、おそらく非常に珍しいでしょう。誰もが年齢、学歴、資格、職務経験、失業やブランクの期間など自身の条件や、仕事の内容や環境アメニティ、雇用情勢などを鑑みながら、仕事を受諾してもよい最低賃金（経済学でいう「留保賃金」）を心に決めているはずです。仕事はある意味「選んで当然」なものなのです。

これは結婚相手を探すのと同じメカニズムです。高収入の男性や美人の女性など、自身の条件が恵まれている人ほど、結婚相手への要求水準が高いもの。高学歴者、職務経験が豊富な人、スキルワーカー、専門資格保有者など、ハイスペックな人材ほど、その「留保賃金」も自然と高くなります。

ところが、主婦の再就職といえば、パートや派遣などの非正規就業がほとんどです。いわゆる「4C」――ケアリング（caring：介護職など）、クリーニング（cleaning：清掃）、クッキング（cooking：飲食業）、キャッシャー（cashier：レジ係）が、主婦の主な仕事復帰先となっています。これらの仕事は、中途採用や求人は多いものの、時間あたりの賃金も低く、経験の蓄積も昇給・昇進もほとんど期待できません。一方、ハイスペックな女性にとって、希望通りの収入や就労条件の中途採用求人は、非常に限られています。「新規学卒一括採用」によって正社員を募集する雇用慣行の強い日本では、正社員としての再就職はとりわけ狭き門となっています。

その結果、高学歴で能力の高いハイスペックな女性ほど、フルタイムの仕事に復帰したくても理想の仕事を見つけられず、無職でいる可能性が高くなるのです。とくに子どもが小学校高学年（9歳頃）以上になっても無職のままでいる女性の中には、本人の「留保賃金」と求人条件との乖離が大きく、適職にめぐり合えない高学歴層が多く含まれていると考えられます。「働きたくても、希望にかなう仕事になかなか出会えない」という思いは、高学歴女性により根強いのです。

【図5－6】 学歴別仕事復帰率の理想と現実――末子が9歳以上の妊娠・出産退職者（%）

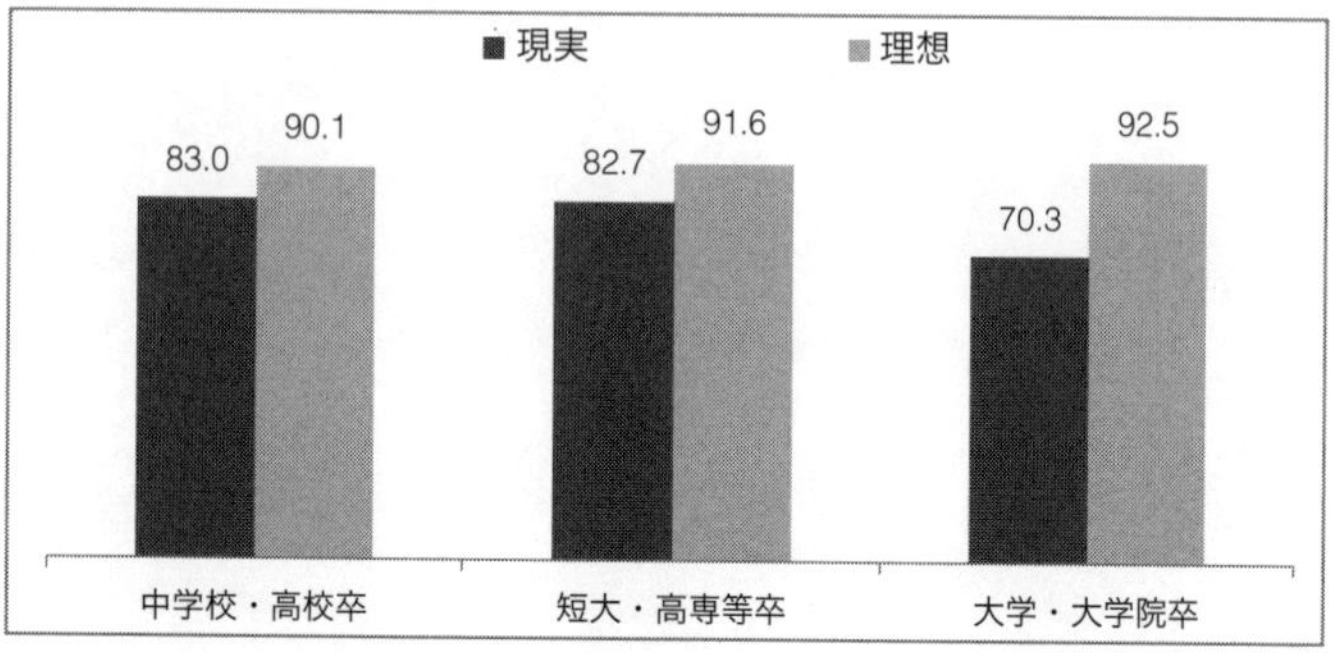

出典：JILPT「子育て世帯全国調査 2014,2016」より筆者が集計（第1子を妊娠してから出産後3年くらいまでの間に仕事を辞めたことがある、かつ末子が9歳以上である有配偶女性について）。
注：「理想」とは、子どもが9歳頃において仕事復帰が望ましいと考える者の割合。「現実」とは、実際に就業している者の割合。

【図5－6】は、末子が9歳以上の妊娠・出産退職者に限定して、学歴別の仕事復帰率の理想と現実を比較したものです。この年齢層の児童を育てている女性の場合、いずれの学歴層も、9割以上が「働いた方が望ましい」と考えています。しかし、現実の就業率をみると、「中学校・高校卒」と「短大・高専等卒」層の女性は83％であるのに対して、「大学・大学院卒」の高学歴層は70％に止まっています。

理想と現実のズレが、高学歴女性にとりわけ大きく現れています。高学歴女性ほど、本人の「留保賃金」またはそれ以上の賃金をオファーしてくれる企業が現れにくく、本人が理想とする再就職の状態に戻りにくいのです。

仕事を辞めたことの後悔

では、仕事復帰をめぐる理想と現実のズレをみて、当初の妊娠・出産退職を選んだことを後悔している人も多いのでしょうか。リクルートワークス研究所の調べによると、第1子出産後に仕事を辞めた女性のうち、約4割の人は退職したことを後悔しているとの調査結果があります。(5) また、三菱UFJリサーチ&コンサルティングの調査によると、出産などで勤務先を一度退職した後に再就職をした女性の4人に1人は、退職を後悔しているといいます。(6)

JILPT調査でも、「後悔」の心境を赤裸々に吐露する記述が散見されます。埼玉県加須《かぞ》市在住の晶子さん（仮名、2011年質問紙調査）も、そのようなコメントを残した回答者の一人です。42歳の晶子さんは一人娘が15歳になった今も専業主婦を続けています。彼女は、医療事務やパソコンの資格を持っていながらも、仕事への活用ができていません。保育料を負担することを嫌がって仕事を辞めていたことに、悔いが残っているようです。

「〈前略〉認可保育所に入所することはできたが、保育料の負担は大きかった。現在は育児休業制度を利用する人も多くはなったとは思うが、自分の時代には前例もなく、辞めてしまった事は後悔している……」

2人の息子（3歳、1歳11カ月）を育てている麻衣さん（仮名、東京都稲城市在住、2012年質問紙調査）もまた、似たようなコメントを残しています。出産する前は夫婦共働きで生活にゆとりがあったものの、出産退職後に麻衣さんの収入（調査前年）がゼロに。世帯の手取り年収は350万円までに激減、暮らし向きも一気に「大変苦しい」状態になりました。家計を少しでも助けようと、麻衣さんは半年ほど前に製造業企業の内職を始めていますが、子どもたちが熟睡した深夜しか作業ができないため、週10時間程度の就労にしかなりません。出産退職を決める前に、仕事を続ける方法をもっと考えることができたのではないかと、後悔の念を持っているようです。

「〈前略〉育児休業制度の無い会社だったが、どうにかして仕事を続けていれば、と本当に後悔している。一度仕事をやめて、子持ち主婦が一から仕事に就くのが難しすぎる……」

専業主婦は2億円損をする？

妊娠・出産退職後に後悔を覚える最大の要因として、収入面の不安があげられます。前出の三菱UFJリサーチ&コンサルティングの調査では、妊娠・出産退職に後悔した思いを持つ復職女性にその理由（複数回答）をたずねたところ、「経済的に厳しくなった」（55%）、「再就職をしたが、希望の仕事に就けなかったり、就労条件が悪くなったりした」（40%）をあげる者がもっとも多くいました。

JILPT調査では、妊娠・出産退職後の大幅な条件ダウンを示す調査結果があります。【表

【表5－1】　就業継続の有無別、働く女性の就業条件

	継続型	中断型	全体
構成比	41.8%	58.2%	100.0%
（雇用条件）			
平均年収（税込み、万円）	286.5	138.2	200.2
うち、正社員平均年収	396.7	264.1	354.1
正社員	57.9%	19.7%	35.7%
官公庁・300人以上大企業勤務	37.4%	18.8%	26.6%

出典：JILPT「子育て世帯全国調査2016」より筆者が集計。
注：継続型→学校卒業後、おおむね働き続けていると本人が回答しており、現在も就業中。
中断型→仕事を中断していたが、現在は再就職していると本人が回答している。

5－1】では、働く女性におけるこれまでの職業キャリアコースを「継続型」と「中断型」という2つのカテゴリーに分けて、その就労条件を比べたところ、両者の間に、著しい就業条件の格差が生じていることが分かります。

「中断型」就業者と比較して、「継続型」就業者は、正社員比率がその3倍近く、大企業勤続割合と平均年収が「中断型」の2倍以上もあります。同じく正社員女性の内訳をみると、「継続型」正社員の平均年収は400万円近くあるのに対して、「中断型」正社員の平均年収はその6〜7割の水準（260万円台）しかありません。要因として、職業経験年数の違いに加え、大企業を中心に「新規学卒一括採用」によって正社員を募集する雇用慣行の影響などが挙げられます。大企業の中途採用が少ないため、「中断型」正社員は、条件の劣る中小・零細企業に再就職する割合が高くなっています。

一方、妊娠・出産退職が女性にとってどれだけ損なのか、一時点の収入額で比較するだけでは不十分です。妊娠・出産退職の影響はその後もずっと続くため、生涯所得で比較する方が適切です。その点に注目して、橘玲《あきら》氏は『専業主婦は2億円損をする』（マガジンハウス、2017年11月発売）という、インパクトのある題名の本を出版し、世間から注目を集めました。

2億円の真偽を確かめるために、筆者は既存の統計データを用いて専業主婦の損失額をなるべく正確に試算してみました（【表5－2】）。その結果、生涯賃金、退職金および国の年金を含めた収入総額は、学校卒業後に「ずっと正社員」の場合では高校卒が約2億円、大学卒が2億9000万円となっています。一方、30歳まで正社員として働き、40歳から64歳までパートとして仕事復帰する「(元) 専業主婦」の場合では、高校卒が9300万円、大学卒が8900万円となっています。

差額をみますと、高校卒では約1億円、大学卒ではなんと約2億円、となります。妊娠・出産退職したのち、一度も働かず本当に専業主婦のままだと、差額は1・42億円（高校卒）～2・31億円（大学卒）にまで広がります。つまり、高学歴者に限定すれば、「専業主婦は2億円損をする」は間違いではありません。

もちろん、上記の試算額には税、社会保険料、配偶者控除と配偶者手当が考慮されていないため、手取りでの実質差額は2億円より数千万円ほど小さいものと思われます(7)。その意味では「2億円損をする」はやや言い過ぎともいえます。また、最近の傾向として、専業主婦を経てからパ

【表５－２】 生涯所得の比較：「ずっと正社員」vs.「（元）専業主婦」（単位：万円）

	ずっと正社員		（元）専業主婦	
	高校卒	大学・大学院卒	高校卒	大学・大学院卒
生涯賃金 a	14,660	21,810	6,691	6,201
妊娠・出産退職まで a1	―	―	3,724	3,234
仕事復帰後 a2	―	―	2,967	2,967
退職金 b	1,484	2,156	91	115
公的年金 c	4,464	5,069	2,592	2,592
※年金の月額	15.5	17.6	9.0	9.0
生涯所得合計 (a+b+c)	20,608	29,035	9,374	8,908
差額	―	―	△ 11,234	△ 20,127

注：指標の定義と出典は以下の通り。税、社会保険料、配偶者控除と配偶者手当が考慮されていない。

a　学校を卒業してただちに就職し、60 歳で退職するまで正社員を続ける場合の生涯賃金（2014 年、同一企業継続就業とは限らない）。出典：JILPT『ユースフル労働統計 2016』297 頁。

a1　学校卒業年齢から 30 歳まで、女性一般労働者（学歴別）の標準賃金と仮定。出典：厚生労働省「賃金構造基本統計調査 2016」

a2　40 歳から 25 年、女性臨時労働者（40 歳～ 64 歳、5 歳刻み）の平均年収と仮定。出典は a1 と同じ。

b　正社員　勤続年数 35 年以上の定年退職者と仮定（出典：厚生労働省「就労条件総合調査 2013」）／専業主婦　勤続 10 年の自己都合退職者（出典：東京都産業労働局「モデル退職金 2016」）と仮定。

c　正社員　年金標準額、24 年間もらうと仮定（出典：「賃金構造基本統計調査 2014」と総務省「家計調査 2014」によるみずほ総合研究所試算）／専業主婦　月 9 万円程度、24 年間もらうと仮定。

出典：みずほリサーチ 2015 年 10 月「働き方の違いによる年金格差」。みずほ総合研究所 HP より（アクセス日：2018 年 2 月 5 日）

ートではなく、派遣社員、契約社員などとしてフルタイム就業する者も多いのです。その場合、実際の差額はまたしても縮みます。しかしながら、総じていえば「(元)専業主婦」は生涯でみると、億単位での「損」を被っていることは、揺るぎない真実といえます。

「金銭的な損得計算」だけの問題ではない

「専業主婦は経済的に損をする」ことは、具体的な金額まではっきり認識されていないにせよ、誰がみても明白な事実です。その上、女性のキャリア継続を全面的にサポートするよう、国の政策支援は1990年代以降に一層鮮明になり、昔と比べて「ずっと正社員」コースがだいぶ選びやすくなったといえます。

それを裏付けるデータは枚挙にいとまがありません。女性の育児休業率は1996年から2015年の20年間で33ポイントも上昇して82%になり、保育の受け皿が13年4月から18年4月までの5年間だけで50万人分新たに整備されました。厚生労働省から子育て支援に積極的に取り組む企業の公式認定を受け「くるみん」マークを取得した企業数が、16年4月現在2400社を突破……などなど。他にもたくさんの政策が打ち出されています。にもかかわらず、6割の女性が妊娠・出産退職しているという現状は、過去20年間でほとんど変わっていないのです(8)。

専業主婦になる原因は、ただ単に「金銭的な損得計算ができないから」ではありません。「家庭と仕事の両立支援制度を利用できないから」でもないようです。なぜならば、これらのことが主な原因であれば、大多数の女性に退職した悔いが残るはずだからです。しかし、現状では、妊娠・出産退職に後悔がないと答える女性は半数以上を占めています。リクルートワークス研究所の調査を読みかえしてみると、第1子出産後に仕事を辞めた女性のうち、「後悔している者は約4割、後悔していない者は約6割」、後者の方が多いのです。三菱UFJリサーチ&コンサルティングの調査も同様な結果です。言い換えれば、億単位の「損」を被ることも、支援制度を利用し損なうことを承知してもなお「専業主婦」コースを選んだ女性は、むしろ主流の方と思われます。

JILPT調査では、彼女たちの心境が窺えるような記述がいくつもありました。そのうち、京都府宇治市在住のゆかりさん（仮名、47歳、短大卒、2011年質問紙調査）のコメントは、とくに印象深いものです。彼女は、覚悟の上で専業主婦となったこととその悔いのない心境を次のように綴りました。

「〈前略〉仕事で頑張ると子供に迷惑がかかるので、プライドはすてて、家庭優先の生活を送っている。私はもっと、仕事のできる人間！　と思いながら10年間も専業主婦をしていたので他人とのギャップを感じる。くやしい。でも、子供が順調に育つ姿をみると後悔はない……」

経済的豊かさや自己実現よりも、子どもをうまく育て上げたやりがいと達成感に幸せを得ている、ゆかりさんの人生観は多くの日本人女性が共感するに違いありません。ちなみに、日米女性の金銭観の違いを示唆する研究を、筆者は過去に行ったことがあります。個人請負として働く女性が対象ですが、アメリカの女性は高い収入を得るためには長時間労働も厭わないのに対して、日本の女性は金銭面で妥協しても子育てや家庭的時間を優先する傾向が見られました。[9]

単純な「金銭的な損得計算」では、決して選ばれるはずのない「専業主婦」コース。「専業主婦」が日本で支持される理由に、金銭では測定しきれない幸せの尺度があることが見え隠れします。

（1）阿部彩・周燕飛（２０１８）「貧困対策としての保育所の長期的効果」『東京都受託事業「子供の生活実態調査」詳細分析報告書』第6部第1章、１５３〜１５７頁。

（2）Deming DJ.（2009）Early Childhood Intervention and Life-Cycle Skill Development: Evidence from Head Start. American Economic Journal: Applied Economics. 1(3) pp.111-134

（3）James Heckman, Rodrigo Pinto, Peter Savelyev（2013）Understanding the Mechanisms Through Which an Influential Early Childhood Program Boosted Adult Outcomes. The American Economic Review. 103(6) pp. 2052-2086

（4）山口慎太郎「保育園が子どもの『攻撃性』を減少させるという驚きの研究結果」、現代ビジネス、２０１７年12月12日。https://gendai.ismedia.jp/articles/-/53718（アクセス日：２０１８年1月30日）

（5）２０１６年7月2日日本経済新聞朝刊「出産後のフルタイム復職、道険し」。
（6）２０１５年6月23日読売新聞朝刊「出産などで退職25％『後悔』」。
（7）正社員の生涯賃金と専業主婦の退職前賃金に20％の所得税と社会保険料を課し、さらに専業主婦に25年分の配偶者控除（「年38万円×20％」として）と配偶者手当（大企業平均で年額15万円として）を付け加えると、差額が高校卒では２７５２万円、大学・大学院卒では４２８０万円縮小する。手取りでみた差額は、８４８２万円（高校卒）～1億５８４７万円（大学・大学院卒）となる。
（8）内閣府「第1子出産前後の女性の継続就業率」の動向関連データ集、２０１６年8月。http://wwwa.cao.go.jp/wlb/government/top/hyouka/k_39/pdf/ss1.pdf
（9）周燕飛（２００６）「個人請負の活用動機と労働実態」『季刊労働法』２１５号、55～70頁。

第6章　幸せ

貧困でも3人に1人はとても「幸せ」

単純な「金銭的損得計算」で考えれば、「専業主婦」コースは選ばれることのないライフコースと言えます。しかし、実際には少なくない人々が専業主婦を選んでいるのです。その理由は何なのでしょう? 「働く女性より、専業主婦の方が幸せ」とよく言われています。何らかの理由により、低収入・貧困ながらも「幸せ」を感じていることが、貧困専業主婦を選ぶ理由なのでしょうか。この章では幸福感という観点から、貧困専業主婦の問題を考えてみたいと思います。

「幸せ」というのは、収入のように客観的に把握できるものではなく、あくまでも個人が感じている、主観的な評価に過ぎません。例えば、安い食料品や衣料品を求めることに対して、ある人はとても満足する一方、別の人はとても不幸を感じているかもしれません。子どもと多くの時間を一緒に過ごすことをとても幸福と考える人がいる一方、すぐに疲労を感じる人もいます。このため、幸福の度合い（幸福度）を点数で測ったり、異なる個人間で比較したりする研究に対して、違和感を覚える人も少なくないでしょう。

しかし近年、客観的な幸せの度合いやその決定要因を分析する「幸福度研究」が経済学や社会学の分野を中心に精力的に行われています。「Journal of Happiness Studies」という専門学術雑誌まで発行されているほどです。この背景には、人々はそもそも損得計算で合理的に行動していないことが、行動経済学などの発展によって次第に明らかになってきたことがあります。貧困や低収入の状態に置かれている専業主婦も、損得計算の立場から見れば不幸かもしれませんが、本人自身は意外に「幸せ」だと感じている可能性があります。

ＪＩＬＰＴ調査では内閣府の「国民選好度調査」と同様、生活全般について点数化した包括的な幸福度をたずねています。具体的には、「この1年を振り返って、あなたは幸せでしたか」という質問に対して、「とても幸せ」を10点、「とても不幸」を0点として、回答者にその間の点数を選んでもらっています。

その結果は、なんと、貧困専業主婦の３人に1人はとても「幸せ」と感じているというものでした。具体的には35・８％もの人々が8点以上の「高幸福度」であると自己評価しています。世帯年収５００万円未満の低収入家庭の専業主婦については、「高幸福度」の割合は６割にも上ります（【図６－１】）。幸福度の平均得点は、専業主婦全体が７・７点、低収入家庭の専業主婦が７・４点、貧困家庭の専業主婦が７・０点となっています。いずれも国民（女性）の平均幸福度

【図6－1】　世帯年収別「幸せ」な状態にいる専業主婦の割合（%）

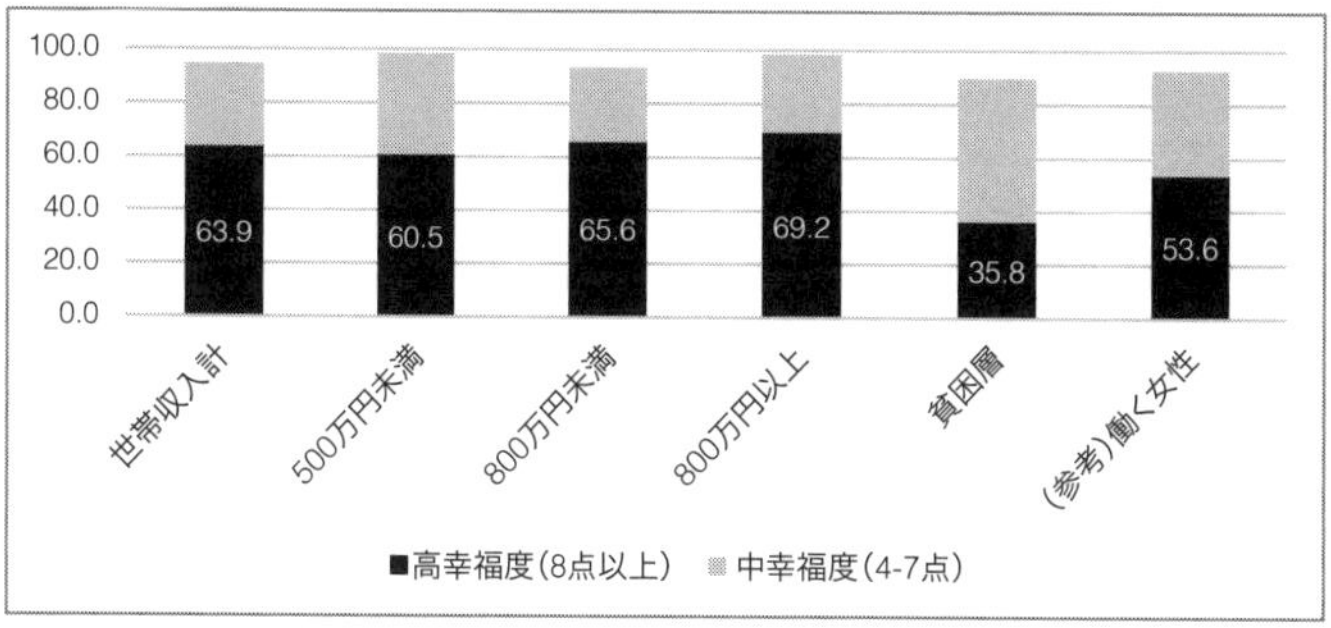

出典：JILPT「子育て世帯全国調査2016」より筆者が集計。ただし、貧困層は2012-2016年調査（計3回）の全サンプルを用いた集計結果。

（6・7点[1]）を上回っています。

貧困家庭を含むあらゆる収入層の専業主婦は、「幸せ」だと感じている割合が高いと言えます。働く女性に比べて、専業主婦は収入面では劣っていますが、幸福度の面ではむしろ高いのです。【図6－1】に示されている通り、中収入家庭と高収入家庭はもちろんのこと、年収500万円未満の低収入家庭（貧困家庭を除く）の専業主婦も、自分がとても「幸せ」と感じている者の割合が働く女性より高くなっています。

働く女性より専業主婦の方が幸せ

同様の傾向は、JILPT調査以外の調査からも確認することができます。たとえば、ソニー生命保険が行った「女性の活躍に関する意識調査　2017」によれば、現在の生活に満足している割合は、専業主婦が54％と、働く女性に比べると約15ポイントも高くなっています。[2] この調査では、なんと働く女性の39・2%が、「本当は専業主婦になりたい」と回答しています。

内閣府「国民生活に関する世論調査」の長期時系列データをみても、現在の生活に対して満足している者の割合は、専業主婦の方が働く女性より一貫して高くなっています。両者の生活満足度格差は、1970年の3・7ポイント差（70・4%対66・7%）から2017年の7・4ポイント差（78・7%対71・3%）へと、むしろ広がる傾向が見られます

【表6－1】 現在の生活に対して満足している者の割合（%）

	働く女性	専業主婦	格差
1970年	66.7	70.4	3.7
1980年	66.4	66.4	0.0
2010年	63.4	70.6	7.2
2017年	71.3	78.7	7.4

出典：内閣府「国民生活に関する世論調査」（各年）

注：⑴ 1970、80年の調査　満足→「十分満足している」＋「一応満足している」
2000年以降の調査　満足→「満足している」＋「まあ満足している」

⑵「働く女性」に関する数値は、「女性全体」と「専業主婦（無職主婦）」の集計値からの逆算値。

（【表6－1】）。同じ期間において、働く主婦世帯の専業主婦世帯に対する収入面の優位は広がっています（詳細は第2章）。それにもかかわらず、生活満足度の面では専業主婦の方が優位性を拡大させているのです。

ところで、「働く女性より、専業主婦の方が幸せだ」という現象は、日本に特有なものなのでしょうか。世界59の国と地域の国民幸福度を調べた「世界価値観調査」というサーベイをみてみましょう。この調査では、生活全般について、「とても幸せ」「まあ幸せ」「あまり幸せではない」

【表6－2】「とても幸せ」と回答した女性の割合（%）
――有業・無業別・国別

働く女性の幸福度が高い国（24カ国）					専業主婦の幸福度が高い国（35カ国）				
順位	国・地域名	無業	有業	格差	順位	国・地域名	無業	有業	格差
1	パキスタン	41.7	85.7	-44.0	1	ニュージーランド	55.4	38.7	16.7
2	南アフリカ	35.1	49.4	-14.3	2	日本	48.6	34.8	13.8
3	ヨルダン	20.8	33.3	-12.6	3	ジョージア	35.7	23.3	12.4
4	オランダ	29.2	41.1	-12.0	4	ウクライナ	27.3	15.6	11.6
5	スペイン	9.9	21.4	-11.5	5	ペルー	40.7	30.1	10.6
6	パレスチナ	10.1	21.2	-11.1	6	ナイジェリア	58.9	48.9	10.0
7	ルワンダ	37.2	47.0	-9.8	7	台湾	35.0	25.4	9.6
8	ガーナ	45.2	54.7	-9.5	8	モロッコ	27.0	18.8	8.2
9	タイ	31.4	39.7	-8.3	9	アルメニア	39.5	31.9	7.6
10	イラク	9.0	16.4	-7.4	10	カザフスタン	39.3	32.4	6.9
16	ブラジル	35.8	40.0	-4.2	19	アメリカ	42.3	37.2	5.1
17	トルコ	42.2	45.8	-3.6	20	インド	36.9	32.3	4.5
22	スウェーデン	53.8	55.3	-1.4	22	中国	19.5	15.3	4.2

出典：Institute for Comparative Survey Research（Vienna – Austria）「第6回世界価値観調査（World Values Survey Wave 6: 2010-2014）」の個票より筆者が作成。
注：65歳未満の既婚女性に関する集計結果。

「全く幸せではない」という4択の質問を、各国の男女に答えてもらっています。その最新の調査によれば、「とても幸せ」と回答した者の割合は専業主婦の方が高い、いわゆる「専業主婦の幸福度が相対的に高い国」が、35カ国で全体の約6割となっています。世界的に見ても、専業主婦の方が幸せという傾向がやや優勢のようです。

ただ、日本の専業主婦の相対的幸福度は、世界の中でも非常に高いという特徴があります。専業主婦と働く女性の幸福度格差を大きさ順で並べると、ニュージーランドが1位（17ポイント差）、日本がなんと2位（14ポイント差）となっています（【表6－2】）。アメリカ、中国とインドも、働く女性に比べて専業主婦の幸福度が相対的に高くなっていますが、両者の幸福度格差は４〜５ポイント程度で、日本ほど顕著な差が見られません。

一方、「働く女性の幸福度が相対的に高い国」もあります。ＥＵ諸国のうち、オランダやスペインでは、専業主婦に比べて働く女性の幸福度が顕著に高くなっています。「働く女性の幸福度が高い国」の順位でみると、オランダは４位（12ポイント差）、スペインは５位（11・５ポイント差）の高さです。

「世帯軸」での幸福観

日本では、働く女性に比べて専業主婦の幸福度がなぜ、これほど高くなっているのでしょうか。筆者は、①男性の家事・育児への参加が少ないことと、②後に詳述する「世帯軸」を中心とする日本人の幸福観が大きく関係していると考えます。

結婚して片働きから共働きになると、新たに生じた時間的・身体的コストのほとんどを、女性の側が背負うことになります。子育て中の夫婦の就業と家事時間における２時点の変化（２０１1年と13年）を調べたＪＩＬＰＴ調査の結果[3]をみるとこのことは明白です。なんと、妻の就業時間数が週あたり平均10時間増加した世帯では、夫の家事時間数は週あたり平均わずか28分しか増えていません。家事時間の短縮がない限り、妻の週あたり総稼働時間は９時間半も増える計算となります。

言い換えれば、女性は外で働けば働くほど、自らの余暇時間が減るのです。男性の家事・育児参加が非常に限られている中、家事・育児は、働く女性にとって昼間の仕事が終わった後の夜の仕事、つまり「セカンド・シフト」と化しています。このことが、働く女性の幸福度の相対的低下に現れているのではないかと思われます。

そのほか、やや聞き慣れない言葉ですが、「世帯軸」という「個人」ではなく「世帯」を主軸とする日本人の幸福観も影響しうると考えられます。

一橋大学の小《お》塩《しお》隆士《たかし》教授の研究チームは、2014年に日韓中米4カ国の幸福度に関する興味深い分析結果を発表しています。[4]彼らの研究によれば、中国人とアメリカ人の幸福度は、主に本人収入の相対的高さに依存している一方、日本人と韓国人にとっては世帯収入の方が重要で、本人収入は幸福度にあまり影響を与えていないというのです。言い換えれば、中国人はアメリカ人と同様、「幸せ」の中心軸は「個人」であるのに対して、日本人と韓国人は「世帯」（家族）が中心となっています。

米韓のことはよく分かりませんが、少なくとも私の母国である中国については、小塩教授の研究結果はかなりの説得力を持っていると思います。中国では、女性自身の収入の多寡は、「幸せ」を決める上で重要なパラメーターとなっています。「夫婦は対等に稼げ」とまでは要求されませんが、夫の少なくとも7～8割程度の稼ぎが暗黙のうちに妻に期待されています。実際、きちんとした職業と収入を持つ女性がモテますし、お見合いの席でも、女性の収入と仕事を確認する男性が珍しくありません。自分の稼ぎを持たない女性は家庭内での発言力が弱く、夫の収入を自由に使わせてもらえないことも多いのです。そのため、育児などを理由に自らのキャリアを中断する中国人女性は、日本よりはるかに少ないと言えます。

私の知る限り、夫婦別居や子どもと離別をしてでも、中国人女性は自分の学業やキャリアを優先しようとする傾向があります。たとえば中国の都会では、3歳から子どもを全寮制の幼稚園に入れたり、小中学生の子どもを寄宿制学校に預けたりして、夫婦ともに仕事に没頭するカップルが少なくありません。また、日本人女性には珍しいですが、留学のために生後すぐの子どもを祖父母に預けたり、夫と別居したりする中国人女性の姿も、海外ではよく見かけます。子どもを農村の親族に預けきりで、何年も子どもと会わずに都会で働く出稼ぎ女性も非常に多い状況です。現在社会問題となっているこうした農村の「留守児童」の数は、中国全土で2千~3千万人に上るともいわれています。

一方、日本では「幸せ」の中心軸は、あくまで「世帯」です。母親が自らの手で育児を担うことが重視されています。それゆえに、女性自身も家族も、女性の賃金収入への期待がそもそも高くないのです。大卒以上の高学歴者、大企業の正社員、専門・技術職など、社会での活躍が期待されそうな女性も、育児のためにと、あっさり仕事を辞めて、専業主婦やパートになったりする人が多いのです。海外の研究者の中には、日本人女性を「眠れる人材の宝庫」と呼ぶ人もいますが、実際に私の身の回りにも、どうしてこの人が専業主婦をしているの？　と思うほど、有能な専業主婦が少なからずいます。

筆者には小学生の子どもがいますが、その小学校のＰＴＡ活動の仲間にも、驚くほど高学歴で、才能豊かな専業主婦や主婦パートが大勢いました。とくに印象に残ったのは、ＰＴＡ広報誌を制作した時の仲間でした。元プロの雑誌編集者、元大手銀行の営業担当、元商社の事務職、元社長秘書など、多彩な職務経験を持つ母親たちの集まりで、非常に効率的なチームが形成されました。専業主婦たちが、広報誌の内容の決定から、独自取材、写真撮影、文案作成、誌面のデザイン、版面づくりなどをまるで会社組織のようにボランティアでこなすのです。最後の出来栄えは、自慢ではありませんが、プロ顔負けのものとなりました。

彼女たちは、間違いなく自身のキャリアの成功を収める十分な能力を持っています。しかし、彼女たちにとっての「幸福感」は、自分自身のキャリアの成功とそれほどの関連性がないようなのです。

お金は「幸せ」の決定付けなのか

「世帯軸」での幸福観を裏返して考えれば、日本人女性の「幸せ」は、世帯総収入、とくに夫の収入に大きく依存することになります。【図６－２】は、本人または夫の収入群別に、「高幸福度」の妻の割合を比べたものです。

まず、本人の収入群別でみると、「収入なし」（専業主婦）グループの幸福度が顕著に高くなっ

【図6－2】 本人（妻）または夫の収入群別にみた幸福度が高い女性の割合（％）

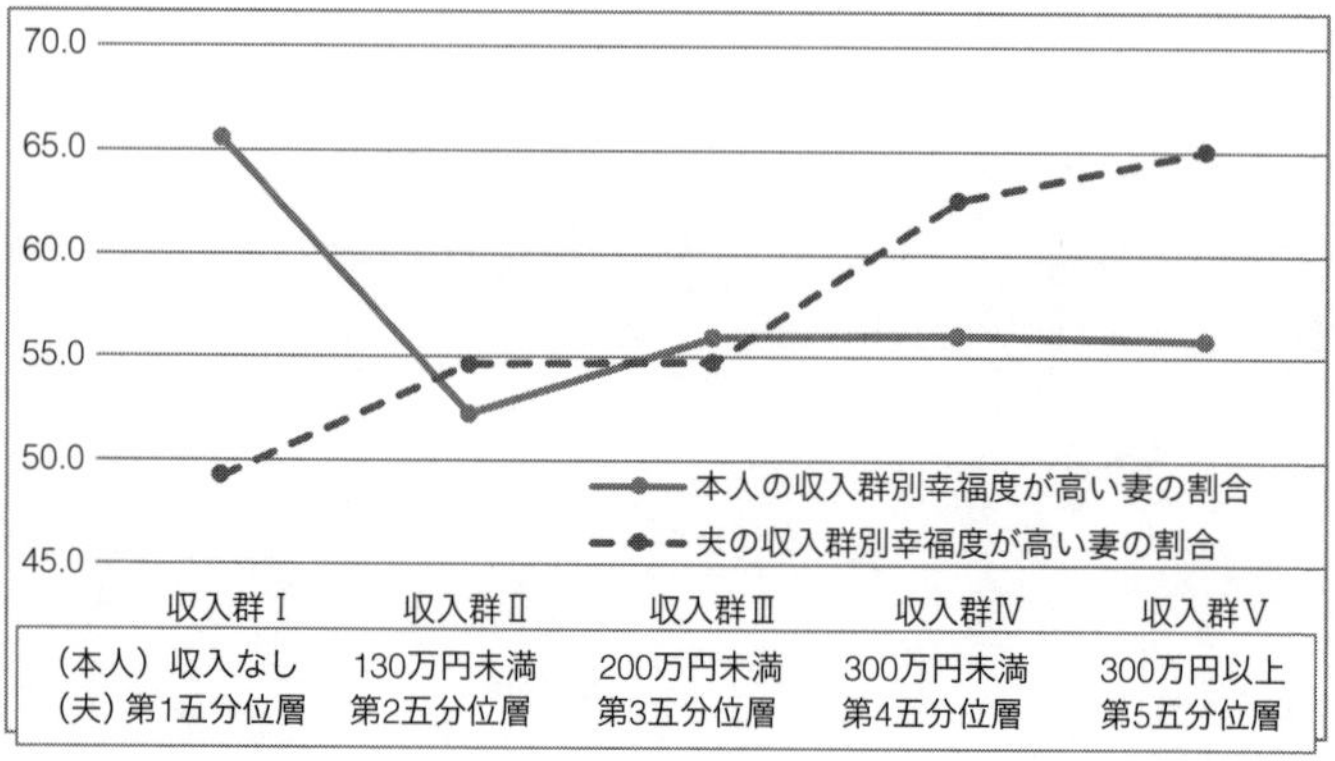

出典：JILPT「子育て世帯全国調査2016」より筆者が集計（対象は有配偶女性に限定）。

注：幸福度の得点が８点以上の妻の割合。

ていますが、働く女性のグループでは収入層の間には差異がほとんど見られません。一方、夫の収入群別でみた場合、妻の幸福度は夫の収入とほぼ正比例の関係にあります。下位20％収入層（第１五分位層）の夫を持つ妻の幸福度がもっとも低く、上位20％収入層（第５五分位層）の夫を持つ妻の幸福度がもっとも高くなっています。

働く女性と専業主婦を別々にみると、夫の収入が妻の「幸せ」に占める重みは大きく異なります。夫の収入は、働く女性の幸福度に大きく影響する一方、専業主婦の幸福度は、それほど夫の収入から影響を受けていないようです。

【図６－３】をみると、働く女性の場合、幸福度が高い者の割合は、夫の収入階層と明確に正比例の関係にあります。一方、専

【図６－３】 夫の収入階層と妻の就業有無別、幸福度が高い女性の割合（%）

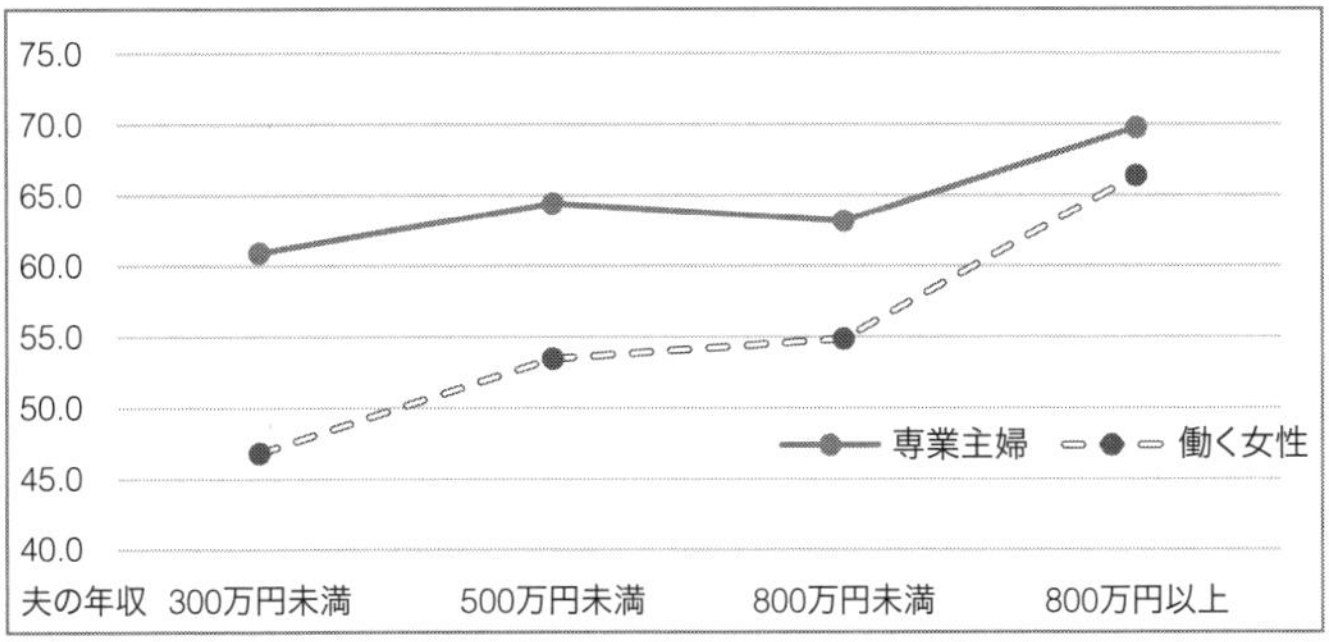

出典：JILPT「子育て世帯全国調査2016」より筆者が集計（対象は有配偶女性に限定）。
注：幸福度の得点が８点以上の妻の割合。【図６－２】と同じく夫の収入群別でみても結果は変わらない。

業主婦の場合、幸福度が高い者の割合は、夫の年収が３００万円未満でも６割程度の高さを示しており、夫の収入層が上がっても、それほど大きくは増えていません。夫の年収額と妻の幸福度得点（０～10点）の相関係数（大きいほど相関性が高い）を調べると、働く女性は０・１６３３であるのに対して、専業主婦はその約半分の大きさ（０・０９４２）となっています。言い換えれば、専業主婦は、働く女性に比べて夫の収入がそれほど幸福度にとって重要なファクターではないということです。

貧困・低収入でも幸せと感じる理由

このように見てゆくと、専業主婦の「幸せ」にとって、自分の収入も夫の収入もあまり重要な要因ではないことがわかります。低収入家庭の専業主婦の約6割、貧困層の専業主婦でも3人に1人が高い幸福度を感じているのは、一体、なぜなのでしょうか。貧困・低収入でも幸せと感じている専業主婦は、実際はどのような生活を送っているのでしょうか。

自分の幸福度に10点満点をつけた京都府相楽《そうらく》郡の京子さん（仮名、2014年質問紙調査）の例を見てみましょう。京子さんは専業主婦歴9年の38歳大学卒で、現在は夫と子ども2人（9歳、6歳）の家族4人で夫が勤める会社の社宅で暮らしています。世帯の手取り年収は206万円程度で、子どもの塾代を負担できないなど、経済的な不自由を感じながらも、彼女は自分がとても幸せと答えています。

彼女が「幸せ」と感じる理由は、どこにあるのでしょうか。彼女の子育てと夫婦関係について詳しく分析してみると、彼女は子どもたちとほぼ毎日夕食を一緒にとり、日中も一緒に過ごす時間が長いことが分かりました。その子どもたちについてさらに調べると、いずれの子どもも健康状態が「良好」で、学校での学業成績も「良好」です。夫婦関係についても、「良い」状態と答えています。この家庭内の状況が彼女の幸福感を形成していることが想像できます。

京子さんは、決して個別の特殊なケースではありません。【表6－3】をみると、貧困・低収入ながらも高い幸福度を感じている専業主婦は、おおむね京子さんと同じように子育てと夫婦関係が比較的良好な状態にあることが分かります。とくに、子どもの健康状態や夫婦関係については、「高幸福度層」と「中低幸福度層」との間に顕著な差異が見られます。貧困・低収入でも幸

【表6－3】 貧困・低収入家庭における専業主婦の子育てと夫婦関係（%）

	低収入層		貧困層＊	
	中低幸福度層	高幸福度層	中低幸福度層	高幸福度層
日中6時間以上子どもと一緒に過ごす	69.1	85.4	74.4	73.9
ほぼ毎日子どもと一緒に夕食をとる	90.6	98.1	88.4	100.0
子どもの健康状態が「(おおむね）良好」	77.7	93.5	67.6	89.5
子どもの学業成績が「(まあまあ）良好」	46.2	57.4	48.1	46.2
夫婦関係が「(まあまあ）良い」	42.1	79.6	48.8	75.0
無職の理由は「子育てに専念したいから」※	42.3	74.4	39.5	75.0

出典：JILPT「子育て世帯全国調査2011-16」より筆者が集計（対象は無業・有配偶女性に限定）。
※現在働いていない理由（11項目）について、2項目までの複数回答。
注：⑴中低幸福度層（幸福度得点7点以下）、高幸福度層（同8-10点）
⑵貧困層の標本サイズは50未満。学業成績は、小中高校に在籍している第1子に関する集計結果。

せと感じている専業主婦は、おおむね子育てが順調で、良好な夫婦関係を保っているという特徴が窺えます。

また、京子さんもそうですが、「高幸福度層」貧困専業主婦の4分の3は、無職を選ぶ理由として「子育てに専念したいから」という回答をしています。やりたい仕事を見つけられないから、あるいは、保育や親の介護などで働けないからといった「やむをえない原因」ではなく、自ら積極的に選択した結果なのです。つまり、幸福度の高い貧困専業主婦におけるもう1つの特徴として、この「自己都合型」の非就業理由が挙げられます。

「幸せ」は事実か虚像か

京子さんと同じく幸福度に10点満点をつけた岡山市在住の桃子さん（仮名、2012年質問紙調査）も、上記の3つの特徴にすべて当てはまっています。桃子さんは高校卒の40歳、現在は夫の両親と同居中ですが、世帯の手取り年収は250万円程度です。2人の子ども（5歳と2歳）はいずれも健康に育っており、夫婦関係は良好で、無職の理由は「子育てに専念したいから」だと回答しています。

しかしながら、彼女の現状には気になる点もありました。「幸せ」の頂点にいるはずの彼女ですが、なんと「自殺を考えたことがある」と答えているのです。さらに彼女のうつ傾向の有無を調べますと、指標の値は基準値を大きく超えるほどの高いものになっていました。彼女は、自分の健康状態が良くないと認識しているのですが、病院での治療を受けずにいます。

自殺願望、健康状態、うつ病の有無は、海外ではウェルビーイング（幸せ）を測る客観的指標としてよく使われています。言い換えれば、桃子さんのようにとても「幸せ」と思っている（思い込んでいる）貧困専業主婦は、客観的にみると、実は「不幸せ」な状態にいるのかもしれません。

また、貧困専業主婦が示した高い幸福度は、過去の厳しい経験との比較によって生まれた「幸せ」の虚像に過ぎない可能性も否めません。たとえば、独身時代に厳しい職場で働いた経験のある女性の場合は、現在の状況はむしろ楽だと考えるかもしれません。また、再婚した元シングルマザーの場合は、昔に比べて現在の状況がいくらか改善されたため、高い幸福度を感じていることもあるのでしょう。

このように、自分が「幸せ」と感じているものの、客観的にみるとむしろ「不幸」ともいえる状態にいる貧困専業主婦が少なくありません。「幸せ」は事実であろうと、虚像であろうと、彼女たちは現在の生活におおむね満足し、自分のライフスタイルを大きく変えようと思っていないはずです。自ら作り出した「幸せ」の虚像に囚われている人は、仮に不利な状態におかれても、そこから進んで抜け出す力が弱いのです。従って、「貧困なのに専業主婦」というジレンマを解消するためには、本人の自助努力に期待するだけでは不十分で、第三者（行政）が介入して彼女たちに何らかの行動を起こすよう誘導する必要性があります。これについて、第9章で詳述します。

いずれにせよ、貧困専業主婦が高い幸福度を有しているという事実は、彼女たちが自ら進んで無職でいることの証拠として捉えることも可能です。

（1）内閣府「平成22（2010）年度国民生活選好度調査」（全国の15歳から80歳の男女5000人が対象）。

（2）Lean In Tokyo「【女性の意識調査 2017】バリバリとキャリアは積みたいけど、管理職にはなりたくない?!」http://leanintokyo.org/survey201704（アクセス日：2018年2月9日）。

（3）JILPT（2014）「子育て世帯の追跡調査（第1回：2013年）―2011・2012年調

査との比較―」ＪＩＬＰＴ調査シリーズNo.115、19頁。
（４）小塩隆士（２０１４）『「幸せ」の決まり方―主観的厚生の経済学』日本経済新聞出版社、58〜69頁。

第7章　理由

専業主婦になる理由

女性が専業主婦を選ぶ理由はいろいろです。「子どもの保育の手だてがない」「子育てに専念したい」「健康上の理由で働くことができない」「家庭内の問題を抱えている」「親が急に倒れて家族の介護をしなければならない」「自分の年齢に合う仕事がない」「時間や収入について条件の合う仕事がない」「知識・経験をいかせる仕事がない」「仕事の探し方がわからない」など、様々なきっかけで、主婦たちは就業という道をあきらめます。

これらの非就業理由は、大きく「自己都合型」と「不本意型」に大別できます。「自己都合型」の具体例としては、「子育てに専念したい」「時間について条件の合う仕事がない」「子どもの保育の手だてがない」などがあげられます。「子育てに専念したい」という理由は、母親のライフスタイルに関する好み（選好）を表しています。「時間について条件の合う仕事がない」についても、「仕事より子育てを優先したい」という選好が関係している可能性があります。解釈が分かれるのは、「子どもの保育の手だてがない」という理由です。一見、待機児童になったことによる不本意な専業主婦化と解釈しがちですが、実はこれが「専業主婦」コースを好む女性に、よく見られる非就業理由なのです。

筆者が２０１２年に行った聞取り調査の中では、「子どもの保育の手だてがない」ことの真意を深く尋ねていますが、必ずしも待機児童とは関係がないことがわかりました。

「保育所が子供を野放しするところだとのイメージがあり、やむを得ない事情以外は子供を保育所に入れるべきではないと考えていた」（47歳女性）

「自身が幼稚園組なので、保育園のことが良く分からないし、利用しようと思ったことがなかった」（29歳女性）

といった回答が印象的でした。彼女たちは、自分自身が専業主婦の家庭に育てられていたこともあり、保育所を利用しながら働くことをそもそも想定していなかったのです。子どもが3歳まては自宅保育、3～5歳までは幼稚園が当たり前の子育てコースだと考えていました。実際、「子どもの保育の手だてがない」ことを非就業理由とする専業主婦のうち、これまでに一度も保育所に申し込んだことがないケースが大半を占めています[1]。

その意味では、「子どもの保育の手だてがない」は、どちらかといえば、個人的な選好の色合いが強く、「自己都合型」理由として捉えるべきと考えられます。

「自己都合型」の理由と、ある意味で対照的なものは、「不本意型」の理由です。具体的には、「健康上の理由で働くことができない」「家庭内の問題を抱えている」「家族の介護をしなければならない」といった「健康・家庭的事情」の理由がそれに当たります。これらの理由には、働きたくても働けないという「不本意」な要素が多く含まれており、典型的な「不本意型」理由と見なすことができます。

一方、「自分の年齢に合う仕事がない」「仕事の探し方がわからない」「収入について条件の合う仕事がない」「知識・経験をいかせる仕事がない」といった仕事のマッチングに関連する理由は、「自己都合型」理由とも「不本意型」理由とも解釈が可能です。

理由の1位は「子育て」

【表7－1】は、それぞれの非就業理由をあげている専業主婦の割合を示したものです。「自己都合型」として捉えられる3つの「子育て」の理由（①②③）は、他の理由を大きく引き離しダントツで1位となっています。専業主婦の83％がそのいずれかを非就業理由としています。中でも、「①子育てに専念したい」という理由が57％と、もっとも多くなっています。「②時間につい

【表7－1】 専業主婦が働いていない主な理由（%、主なものを2つまでの複数回答）

	全体	低収入世帯	貧困世帯
①子育てに専念したい	56.5	58.6	48.1
②時間について条件の合う仕事がない	25.9	17.2	21.2
③子どもの保育の手だてがない	19.4	25.3	13.5
④健康上の理由で働くことができない	7.0	9.2	13.5
⑤家庭内の問題を抱えている	3.9	2.3	7.7
⑥家族の介護をしなければならない	3.9	2.3	5.8
⑦自分の年齢に合う仕事がない	4.1	4.6	3.8
⑧経済的理由で働く必要がない	11.4	3.4	3.8
⑨仕事の探し方がわからない	1.6	2.3	3.8
⑩収入について条件の合う仕事がない	2.6	3.4	1.9
⑪知識・経験をいかせる仕事がない	1.0	0.0	0.0
子育て（①、②、③のいずれか）	83.4	86.2	73.1
健康や家庭的事情（④、⑤、⑥のいずれか）	14.0	13.8	25.0
仕事のマッチング（⑦、⑨～⑪のいずれか）	9.2	9.2	9.6

出典：JILPT「子育て世帯全国調査2014」より筆者が集計（有配偶女性に限定)。ただし、貧困世帯は2012,2014年調査の全サンプルを用いた集計結果。

注：「低収入世帯」→世帯年収＜500万円 「貧困世帯」→世帯の等価可処分所得＜貧困線。以下同じ。

て条件の合う仕事がない（26%）」と「③子どもの保育の手だてがない（19%）」がそれに次ぎます。

貧困専業主婦に限定しても、「子育て」が非就業理由の1位です。とくに「子育てに専念したい」を非就業理由とする者が多く、約5割の人が理由として挙げています。

貧困専業主婦の特徴は、子育てなどの「自己都合型」の理由のウェイトがやや低く、健康・家庭的事情などの「不本意型」の理由のウェイトがやや高いことです。具体的には、専業主婦全体に比べて、貧困専業主婦は「子育ての理由」を挙げる者が10ポイント低く（73％対83％）、「健康・家庭的事情の理由」を挙げる者が11ポイント高くなっています（25％対14％）。非貧困層に比べて、貧困層には働きたくても働けない事情を抱えている専業主婦が多いことが窺えます。

労働経済学の視点でみると

「貧困」という切羽詰まった経済状況下において専業主婦を選択した女性の事例を第3章で取り上げていますが、メンタルの問題や特殊な家庭事情、子どもの保育所落ちなど不本意な事例が強く印象に残っていることでしょう。しかし、集計結果では、7割以上の貧困専業主婦が「子育てに専念したい」など個人の選好によって就業していないことが判明しました。こうした事実について、どのように合理的な解釈ができるのでしょうか。それに対して、労働経済学の理論では明快な説明が用意されています。

一言でいえば、人々が働くかどうかは、「取引条件」が決め手となります。「取引条件」が良ければ人々は働きますが、逆の場合は働かないことを選びます。なお、ここでの良い「取引条件」とは、労働市場が提示する賃金（専門用語で「市場賃金」）が、余暇（「家庭での時間」）の価値を上回っていることを指しています。余暇の価値と等しい賃金水準は、仕事を受諾してもよいと考える分岐点の賃金、すなわち「留保賃金」となります。仮に市場賃金が本人の留保賃金よりも低い場合、就業しないことが選択されます。逆に市場賃金が留保賃金を上回っている場合、就業が選択されます。

したがって、夫の収入が少ないのに、妻が専業主婦を選ぶ理由として、市場賃金の低さと留保賃金（働いてもいいかなと思う賃金）の高さに原因が求められます。端的にいえば、専業主婦になるのは、本人が直面している市場賃金と留保賃金を天秤にかけた結果なのです。後者の方が高い場合には、夫が低収入でも専業主婦でいることが合理的となります。

学歴が低い、職業経験が乏しい主婦は労働生産性が相対的に低いため、労働市場では賃金の低い仕事しか見つからないと考えられます。後述のように、貧困専業主婦の多くが、学歴が低い、職業経験が乏しい人々です。労働生産性が低いため、低い市場賃金に直面し、貧困専業主婦を選んでいると解釈できます。

また、一般的に、夫の労働収入や財産収入の多い主婦、子ども数の多い家庭や乳幼児のいる家庭の主婦は、留保賃金が高くなります。働きに出ることで失う価値が大きいからです。貧困専業主婦の場合、夫の収入が元々少ないため、この面では留保賃金が高くなるとは考えられませんが、多くの子どもや幼い子どもを育てていることが、留保賃金を高めている可能性があります。家庭での家事・育児時間に相対的に高い価値を感じているのです。このように留保賃金が高い彼女たちを働かせるためには、労働市場がより魅力的な賃金条件を提示する必要があります。

市場賃金が低いからなのか

労働市場で直面する賃金（市場賃金）は人によってまちまちですが、それはどのように決定されているのでしょうか。一般的に、賃金決定に大きなインパクトを与える個人属性としては、学校教育年数（学歴）、学卒後の年数で定義される社会経験年数、および会社での勤続年数が挙げられます。さらに、日本では正社員としての勤務経験や、仕事に役に立ちそうな専門資格も賃金に有利に働きます。こうした個人属性は、その人の持つ「人的資本」の量を示す指標となります。「人的資本」が多ければ多いほど、その人の市場賃金が高くなる傾向があります。

【表7－2】は、学校教育年数、社会経験年数、初職の正社員経験、専門資格の保有という4つの「人的資本」の項目（a1～a4）について、貧困専業主婦と働く女性の属性を比較したものです。いずれの項目においても、貧困専業主婦の「人的資本」が少ないことが分かります。とくに正社員経験や専門資格の保有について、貧困専業主婦と働く女性の格差が顕著です。初職が正社員の割合をみると、働く女性は79％であるのに対して、貧困専業主婦は57％に過ぎません。また、専門資格の保有率も、貧困専業主婦の方が16ポイントも低くなっています。

教育という形態の「人的資本」の他、健康という形態の「人的資本」もあります。健康に恵まれている人に比べて、健康上の問題を抱えている人ほど、労働生産性が低いため、市場賃金が低くなる傾向があります。また、健康状態が良くない人ほど、通院したり、体を休めたりする頻度が高いため、余暇時間を重んじる傾向があり、その分、留保賃金が高くなります。低い市場賃金と高い留保賃金という両面から、健康上の問題を抱えている人ほど、働く可能性が低くなります。

【表7－2】「人的資本」関連の個人属性の比較

	働く女性	専業主婦		
		全体	低収入世帯	貧困世帯
a1_学校教育年数（年）	13.0	13.2	12.9	12.4
b1_学歴が中学校卒	3.0%	3.9%	5.6%	7.5%
a2_学校卒業後の経験年数（年）	21.7	19.8	16.8	19.2
a3_学校卒業後の初職は正社員	79.2%	77.3%	69.1%	56.9%
b2_働いた経験がない	0.0%	1.8%	5.6%	3.7%
a4_専門資格を保有している	65.6%	58.4%	57.8%	50.0%
b3_健康状態が悪い	10.2%	10.2%	12.4%	20.4%
b4_抑うつ傾向がある	16.3%	15.4%	14.1%	26.4%
b5_入院・持病で通院中	15.3%	17.4%	17.0%	18.9%
人的資本が著しく乏しい（b1またはb2）	3.0%	5.0%	10.0%	11.1%

出典：【表7－1】と同じ。
注：(1) b3は、本人の現在の健康状態について、「あまり良くない」または「良くない」と回答した割合。
(2) CES-D抑うつ尺度（10項目）の得点は、11点以上である場合に、「抑うつ傾向あり」と判定される。なお、CES-D抑うつ尺度は、最近の1週間で「普段は何でもないことで悩む」「物事に集中できない」「落ち込んでいる」「何をするのも面倒だ」等10項目について、「ほとんどない」（得点0）、「1～2日」（得点1）、「3～4日」（得点2）、または「5日以上」（得点3）のどれになるかをたずね、その合計得点をメンタルヘルスの指標とする。11という閾値は、米国の臨床実験結果に基づくものである。

【表7－2】をみると、いずれの健康指標（b3～b5）においても、貧困専業主婦の健康状態は働く女性よりも劣っていることが分かります。貧困専業主婦の5人に1人が「健康状態が悪い」と回答しており、4人に1人は心理テストで「抑うつ傾向あり」と判定されています。一方、「入院・持病で通院中」と回答した人は2割未満なので、自分の病気や健康問題を放置している貧困専業主婦も相当の割合でいると想像されます。

もっとも、知力や体力が著しく欠けていて、労働生産性が最低賃金を下回っている場合、労働市場において仕事を見つけること自体が難しくなります。業種や職種によっては学歴、経験不問の求人もありますが、一般に、中卒や一度も働いた経験がない人は、企業の求めるミニマムな条件を満たせず、採用に至らない可能性があります。貧困専業主婦のうち、中卒は8%、一度も働いた経験がない者は4%です。両者のいずれかに当てはまる貧困専業主婦は、全体の1割強となります。働きたくても、エントリー段階で弾かれてしまう貧困専業主婦が少なからずいることが分かります。

家事・育児活動の市場価値が高いからなのか

専業主婦の行う料理、洗濯、掃除などの家事活動や子育て活動は、賃金収入につながらないものの、こうしたサービスを市場から購入すると、当然ながらお金がかかります。時間やエネルギーのかかる家事・育児活動ほど、そのサービスに高い価格（市場価値）がつけられています。そのため、家事・育児活動の市場価値が高い人ほど、家庭での時間的価値が高くなります。家事・育児活動の市場価値を大きく左右する要因として、末子の年齢、子どもの数および子どもの健康状態などが考えられます。

まず、育児活動の市場価値は子どもの年齢によって大きく異なります。低年齢児童ほど、保育料が高くなることが主な原因です。例えば、認可保育所を利用する場合、「3歳未満の児童」の保育料は、多くの自治体で「3歳以上の児童」の約2倍程度の水準に設定されています。言い換えれば、3歳未満の子どもの育児はとくに高い市場価値を持っていることが分かります。

次に、子どもの数も重要です。子ども数の多い家庭では、妻が同時に数人の子どもの世話をすることが可能となるため、妻の時間当たりの市場価値（保育料、ベビーシッター代などに換算）が高くなります。

最後に、子どもの健康状態も関係しています。健康な子どもに比べて、病気や障害のある子どもの世話には、多くの時間とエネルギーを注ぐ必要があります。その分、健康状態の悪い子どもへの世話活動に高い市場価値（生活や服薬介助の費用、ベビーシッター代などに換算）がつきます。

調査結果を見ますと、やはり貧困専業主婦には、低年齢児や健康状態の悪い子どもの世話をしたり、同時に3人以上の子どもの面倒を見るなど市場価値の高い育児活動を行っている人が多いようです。末子が3歳未満である割合は、働く女性が18％であるのに対して、貧困専業主婦は42％となっています。また、子どもが3人以上である多子世帯の割合を見ても、貧困専業主婦は34％で、働く女性より8ポイント高いのです。さらに、貧困専業主婦の4人に1人は健康状態の悪い子どもを育てており、その割合は働く女性の約2倍にあたります（【図7－1】）。

低収入夫の妻の就業確率

以上述べたような母親の属性要因と子どもの属性要因は、相互に絡みながら女性の就業行動に影響しています。たとえば、諸外国では低学歴の女性ほど専業主婦になりやすいことが知られて

【図7－1】　家事・育児活動の市場価値に関わる子どもの属性比較（%）

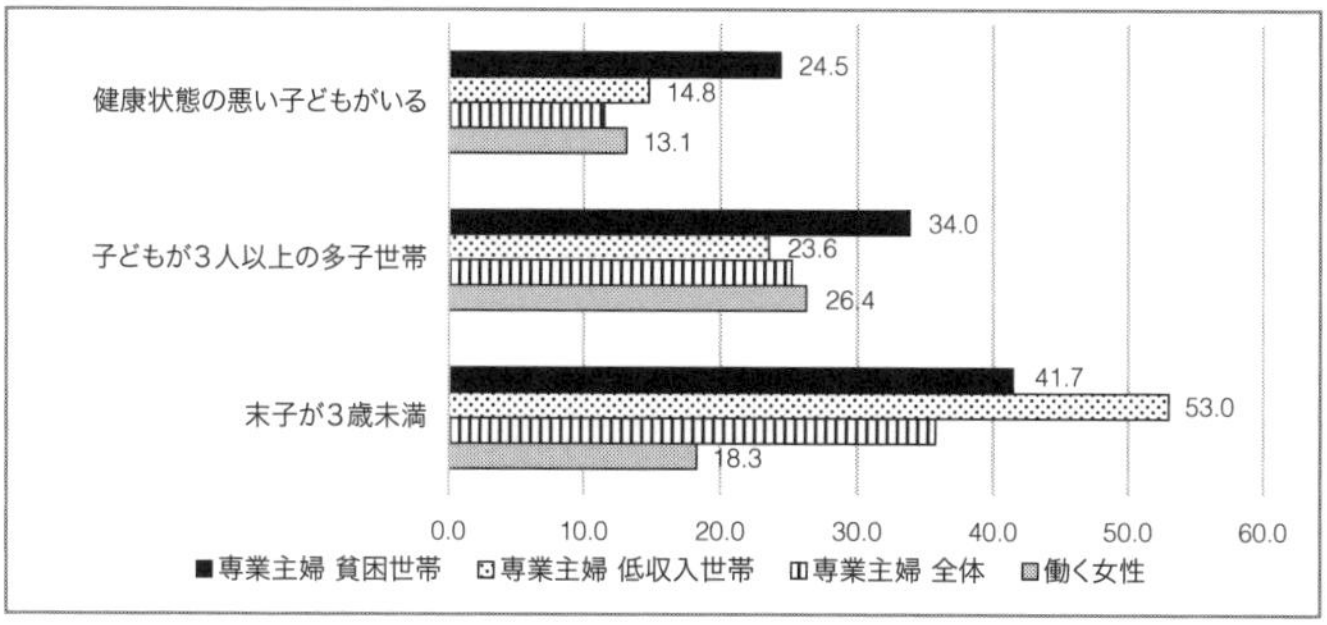

出典：【表7－1】と同じ。
注：「健康状態の悪い子ども」とは、軽い持病、重病・難病または障害のある子どものこと。

います。同時に、職場経験の少ない女性ほど、専業主婦になりやすいことも分かっています。しかし、女性の学歴と職場経験年数の間には元々正の相関関係が存在しています。このため、グループ間の単純比較では、2つの属性の影響が混ざり合ってしまい、それぞれの属性の影響を明確に識別することができません。

　そこで、他の要因の影響を除去しながら、ある特定の要因と女性就業との関連性を明確に識別する多変量解析の手法が用いられます。【表7－3】は、こうした統計的手法を用いて、労働収入が貧困線以下の低収入の夫を持つ女性について、それぞれの要因が彼女らの就業可能性（専門用語で「就業確率」）にいかなる影響を与えているかを推定した結果です。右肩に多くの*が付いている要因ほど、統計的に明確に就業確率に影響していると解釈します（専門用語では「有意」）。

【表7－3】 低収入の夫を持つ女性の就業確率を決める要因

	限界効果	
（主な説明変数）		
最終学歴：短大・高専など（基準値　中学校・高校）	0.2658	***
大学・大学院	0.4955	***
社会経験年数	0.1033	***
専門資格の保有：自動車免許のみ（基準値　資格なし）	0.0502	
その他の専門資格	0.4169	***
医療福祉関係の資格	0.0986	+
（准）看護師の資格	0.2452	**
学校卒業後の初職が正社員	0.1288	**
末子の年齢:6〜11歳（基準値　12〜17歳）	-0.4762	***
3〜5歳	-0.1704	+
0〜2歳	-0.4296	***
親から世話的援助あり	0.1828	***
居住地の待機児童数:50人〜200人未満(基準値　50人未満)	-0.0212	
200人〜400人未満	-0.1975	+
400人以上	-0.1902	*

出典：周燕飛（2015）「専業主婦世帯の貧困：その実態と要因」RIETI DP15-J-034

注：***P値<0.01, **P値<0.05, *P値<0.1（両側検定）+P値<0.1（片側検定）

予想通り、妻の「市場賃金」を決める諸要因（学歴、社会経験年数、初職正社員、専門資格の保有）は、妻の就業確率に有意な影響を与えていることが分かります。具体的には、中学校・高校卒に比べ、最終学歴が短大・高専または大学（院）の場合、妻の就業確率はそれぞれ26・6ポイント、49・6ポイント高いのです（表の「限界効果」の数字から解釈）。また、専門資格を持っていない者と比較して、（准）看護師の資格またはその他医療福祉関係の専門資格を持つ者の就業確率は、それぞれ24・5ポイント、9・9ポイント高くなっています。さらに、学校卒業後の初職が正社員である場合には、そうではない場合より、妻の就業確率が12・

9ポイント高いことも分かります。貧困にもかかわらず、無業状態でいる妻の多くは、低学歴、社会経験の乏しさ、専門資格の欠如などの理由で、比較的低い市場賃金に直面していると考えられます。

妻の「家庭での時間的価値」を表す末子の年齢も、予想通り、妻の就業確率に有意な影響を与えています。末子の年齢が3歳未満の場合、妻の就業確率は43・0ポイント低下し、末子の年齢が6~11歳の場合、妻の就業確率が47・6ポイント低下しています。また、親から世話的援助をもらっている場合、妻の就業確率は18・3ポイント高くなっています。

貧困専業主婦の2~3割は「不本意」

以上の分析をまとめますと、貧困ながらも専業主婦でいる理由は、主に「市場賃金が低いこと」と「家事・育児活動の市場価値が高いこと」に起因すると考えられます。つまり、基本的には、主婦本人の合理的選択の結果として捉えるべきです。

ただし、本章の冒頭で述べたように、貧困専業主婦の4人に1人は子育ての理由ではなく、健康不良や家庭的事情を働かない理由に挙げています。貧困専業主婦は、合理的選択によるケースばかりではなく、中には不本意な専業主婦も相当の割合で存在すると解釈できます。

JILPT調査によれば、貧困層の専業主婦のうち、21%は「今すぐに働きたい」と考えているようです。また、暮らし向きが「大変苦しい」と回答した貧困層の専業主婦は27%に上ります。(2)

これら2つの数字を総合すると、貧困専業主婦の2〜3割は、「無業」が本人にとっても最適なオプションではないにもかかわらず、不本意ながら専業主婦でいるのです。

貧困ながらも不本意に専業主婦でいる女性の具体的なイメージは、第3章の事例をみれば想像に難くありません。熱心に資格の勉強をしながらも就職できず、メンタルの問題を抱え、「心身ともに健康を害してこぼれ落ちる」と自分を揶揄する直美さんが1つの典型例です。子どもが待機児童で保育所に入所できないため、働きたくても働けずにいる愛さんの事例も代表的です。自分の子どもと病気の孫のダブル育児という複雑な家庭内の事情を抱え、働けずにいる智子さんの事例も関連します。

4割が「抑うつ傾向あり」

メンタルの病気は、不本意ながらも専業主婦でいることを余儀なくされる重要な事由の1つです。JILPT調査によれば、「今すぐ働きたい」としながらも無職でいる貧困世帯の女性のうち、なんと4割の人が心理テストで「抑うつ傾向あり」と判定されています。

メンタルの病気は治療期間が長くなりやすいのが特徴です。厚生労働省が3年に1度実施する患者調査（2017年）によると、気分障害での平均入院日数は約114日。病気全体の平均である約29日を大きく超えます。投薬治療でも数カ月以上かかるのが一般的で、「回復後に再発する人も多い」とも言われています。[3] このため、メンタルの病気を抱える人の就業には、職場の理解とフォローの体制整備が必要不可欠です。

正社員であれば、会社の相談室や休職制度など、回復すれば仕事に戻れるサポート体制が充実していますが、パートの場合そのようなサポートが乏しいため、体調次第では仕事を辞めざるを得ないことが多いのです。メンタルの問題を抱えている直美さんも、パートとして就職できたものの、いずれの仕事も長く続かなかったということでした。結局、仕事を転々としたり、家に引きこもったりすることになってしまうのです。

保育所の不足

保育所の不足も、不本意な専業主婦を誘発しています。働いている間に子どもを保育所に預けられないため、やむをえずに専業主婦を続けるケースがそれに当てはまります。

ＪＩＬＰＴ調査によれば、貧困専業主婦の約３割が政令指定都市・東京特別区に住んでおり、働く女性よりも大都市に住む割合が高くなっています。大都市といえば、認可保育所への入所を希望しながら入所できない「待機児童」が多いことで知られています。２年前に世間を賑わせた「保育園落ちた日本死ね!!!」という匿名ブログへの書き込みも、まさに保活激戦区の都市部で起きていました。大都市に集住している貧困専業主婦は、待機児童数の多い市区町村に住む割合も高いと言えます（周 ２０１５）。

実際、貧困専業主婦の13％は、子どもが認可保育所の「待機児童」だった経験を持っています。

【図7－2】　子どもが待機児童だった経験を持っている（%）

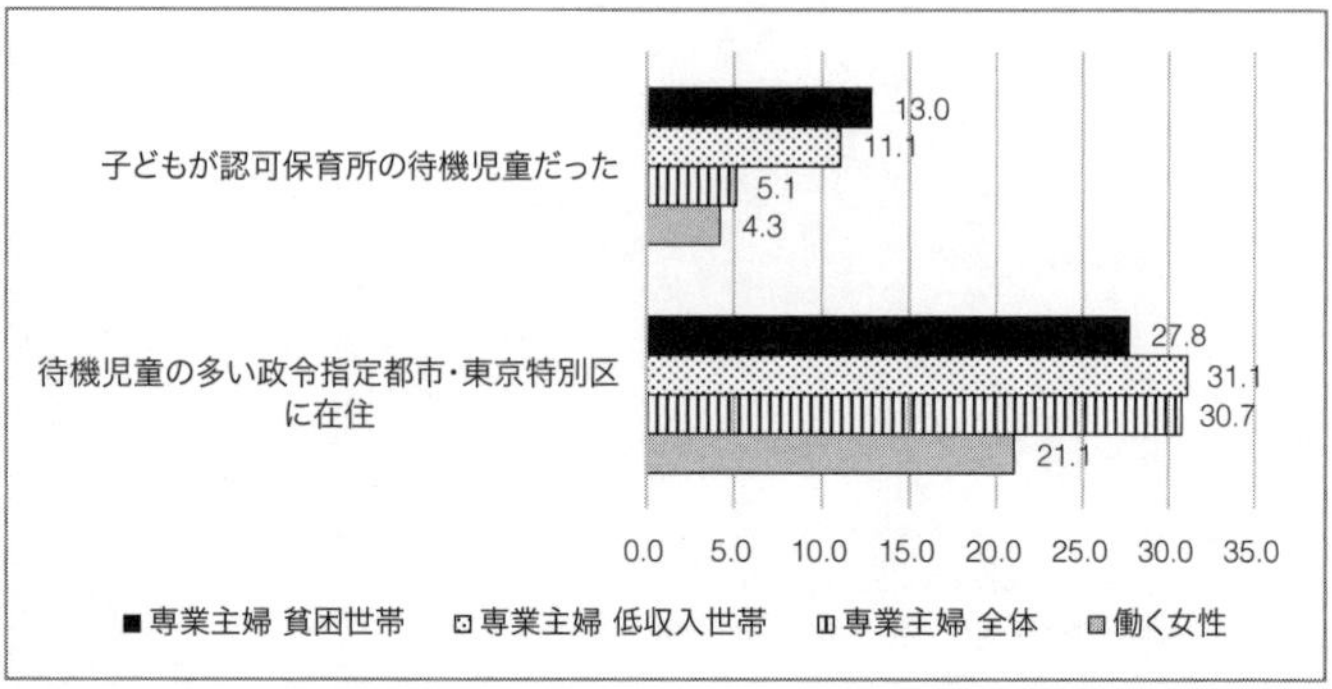

出典：【表7－1】と同じ。

対照的に「待機児童」の経験率は、働く女性が4%、専業主婦全体では5%しかありません（【図7－2】）。認可保育所以外の保育施設（認証保育所、幼稚園の預かり保育など）を利用して働く女性もいるものの、貧困・低収入世帯が無料または割安で利用できる保育施設といえば、やはり認可保育所しかありません。そのため、子どもを認可保育所に預けられないことにより、不本意ながらも無職を続けているケースが、貧困専業主婦には比較的多く発生していると推測されます。

【表7－3】（142ページ）の推定結果も、「認可保育所の不足が原因で、不本意な貧困専業主婦状態となっている」という仮説を裏付けます。保育所不足が深刻ではない（待機児童数50人未満の）市区町村に住んでいる者に比べて、待機児童数の多い市区町村に住む者は、就業率が顕著に低いのです。

不本意な専業主婦だけが問題なのか

少子化の進行で人手不足がますます顕在化していく中、専業主婦の仕事復帰は、日本経済にとっても本人にとっても利益があります。とくに貧困世帯の場合、専業主婦の就業は、家族全員が貧困から脱出するための重要なステップとなります。裕福な専業主婦に比べて、貧困専業主婦の就業意欲は総じて高いのです。彼女たちへの就業支援策は、労働力不足対策と同時に貧困対策にもなります。

それでは、無職でいることを自ら選択した女性に対して、行政による就業支援は意味があるのでしょうか。本人が専業主婦でいることが最適だと考えているのであれば、一般的に、その状態を政策によって無理やり変える必要はありません。しかし、貧困専業主婦に限っては、本人がどう考えていようとも、政策によって状況を変えることが重要であると考えられます。

それは、長期的な視点に立った場合、就業を中断してしまうことで失う価値は大きく、専業主婦でいることが本人にとっても合理的ではない可能性があるからです。仕事を辞めることで失う価値を十分に考慮して貧困専業主婦が選択を行っているとは限りません。

例えば、近年の行動経済学で注目されている概念として、「欠乏の罠」という議論があります。日々の生活で精一杯になっている時には、人々は将来のことを考える余裕がなく、近視眼的に行動してしまうものです。また、「制度的罠」の存在も忘れてはいけません。例えば、専業主婦世帯向けの税や社会保障制度面の優遇政策は、いつの間にか、多くの日本家庭を「専業主婦」モデルの枠内に捕らえてしまうという落とし穴となっています。この場合には、行政が家父長的に

「おせっかい」をして、就業継続のための支援政策を行うことが、社会全体にとって望ましい状況を作り出すのではないでしょうか。

（1）ＪＩＬＰＴ「子育て世帯全国調査２０１４」の個票を用いた集計結果。
（2）ＪＩＬＰＴ「子育て世帯全国調査２０１１〜２０１６」（計４回）の個票を用いた集計結果。
（3）２０１４年９月10日日本経済新聞朝刊「心の病　家計どうする」、厚生労働省「平成29年（２０１７）患者調査」。

第8章　罠

「専業主婦」を選べる日本女性は羨ましいか⁉

日本経済が労働力不足と低成長に喘ぐ中、これまでと変わらぬ「専業主婦」モデルに固執することは、経済の足を引っ張る大きな要因となっています。「専業主婦」モデルから脱却することは、なぜこれほど難しいのでしょうか。

私は2017年春、中国大連の東北財経大学で日本経済と労働の講義を行った際、この問いを中国人の学生たちに投げかけてみました。返ってきた答えは意外なものでした。「日本の社会制度は、専業主婦に優しくできているからだと思う」「専業主婦になることを選べて、日本女性が羨ましい」「中国も日本の制度を見倣うべきだ」といったコメントがほとんどだったのです。

中国の大学生たちの指摘通り、日本の社会制度の完成度が高すぎることが、脱「専業主婦」を難しくさせている側面があります。かつて「専業主婦」は、日本の高度経済成長を支える「陰の主役」と言われてきました。子育てや家事を一手に引き受け、夫であるモーレツ社員たちが仕事に専念できるように内助の功につとめてきたのです。それゆえ、高度経済成長期に作られた税制度や社会保障制度についても、この「専業主婦」モデルを補完、強化するための様々な仕組みが出来上がりました。しかし、共働き家庭がごく普通となった今の時代においても、これら種々の専業主婦優遇制度は変わることができません。このため、一種の「制度的罠」として、日本で多くの家庭が「専業主婦」モデルの枠内に囚われる元凶となっています。

みなさんは、「制度的罠」という言葉に馴染みが薄いかもしれませんが、「貧困の罠」という言葉を聞いたことはあるのではないでしょうか。生活保護制度などの低所得者のための生活援助制度を利用している家庭が、就労するなどしてそこから脱却しようとしても、援助が打ち切られたり、減額されるなどして、かえって苦しい生活に追い込まれることがあります。このため、低所得者はあたかも罠に捕らえられたように、貧困から自立しようという意欲がなくなり、生活援助制度から抜け出せなくなるのです。このことを、「貧困の罠」と呼びます。

実は、専業主婦における「制度的罠」はこうした「貧困の罠」と似かよった状態といえます。現行制度の下では、妻の就業収入が一定のラインを越えると、それまでに適用されていた専業主婦世帯向けの税や社会保障制度面の優遇政策は適用されなくなったり、優遇幅が縮小されたりします。そのため、税や社会保険料の負担増を嫌う女性は無業または低収入のパート就業に留まり、自ら職業キャリアの断絶を選ぶことになります。専業主婦世帯の負担軽減を目的に作られたこれらの制度ですが、結果として、女性が職場で活躍する機会を奪い、中長期的には世帯の生涯所得の減少をもたらしています。

税制度の「罠」

労働経済学者の八代尚宏氏は、今から30年以上前に、日本の「現行税制は、暗黙のうちに、専業主婦世帯を優遇している」と指摘しています（八代 1983）。

八代氏によると、専業主婦優遇の仕組みのポイントは具体的には次の2点に集約されます。第1に、妻の家事、育児などのケア労働は、専業主婦世帯の「帰属所得」[1]とみなすことができますが、それに対して税金が全く課せられていない点です。第2に、「配偶者控除」という補助金を専業主婦世帯に与えているという点です。

「帰属所得」とは、家事生産によって得られる架空の所得のことです。例えば、専業主婦が夫のために食事を作るとしましょう。これは、専業主婦が家事という生産活動を行い、そのサービスを夫が消費したものと見ることができます。そのサービスの対価は夫から妻に支払われたものと解釈しますが、同一の家庭内の話なので外からその取引は見えません。一方、夫がレストランで外食をした場合を考えてみると、夫は対価および消費税分を金銭で支払います。レストランにも収入に対して課税が行われます。したがって、本来は帰属所得にも各種の課税が行われるべきなのです。

同様に、家庭内で専業主婦が行っているケア労働は、ベビーシッターや家政婦サービスで代用しようとすれば、相当な対価を要求されますから、大きな経済的価値を持っています。実際、内閣府経済社会総合研究所によると、専業主婦のケア労働は、年間約３００万円の市場価値に匹敵すると試算されています。[2] したがって、本来はその対価分に対して課税が行われるべきです。専業主婦世帯は、このように課税されない多くの帰属所得が存在するという点で、共働き世帯に比べて優遇されていると考えられます。

一方、「配偶者控除」の問題はより複雑です。大正９（１９２０）年に導入された扶養控除制度ですが、妻が扶養者として認められるようになったのは昭和15（１９４０）年のことでした。当時は「産めよ、増やせよ」の時代であり、扶養控除制度も本来は人口政策的な目的で作られたのですが、戦後も継続されました。その後、昭和36（１９６１）に「配偶者控除制度」として改正され、昭和62（１９８７）年には「配偶者特別控除制度」が付け加えられ、今日に至る制度となりました。[3]

現行の所得税制は、パート主婦を含む広義の「専業主婦」にとって、大変有利な制度となっています。妻の年収が１０３万円以下であれば、[4] 本人の所得税はゼロで、さらに夫の収入に対して「配偶者控除」（38万円）が適用されます。妻の年収が１０３万円～１４１万円未満（２０１７年まで）なら、所得税はかかるものの税率は低く、夫の収入に対しては「配偶者特別控除」（１９８７年～）が適用されます。

平成29（2017）年度の税制改正により、18年1月からは、「配偶者控除」と「配偶者特別控除」の限度額は、それぞれ150万円と201万円に増額され、妻のパート収入が増えた場合でも夫の節税効果を維持しやすくなっています。しかし、この税制改正は、「専業主婦」コースの選択にはさほどの影響を及ぼさないものと思われます。

なぜならば、改正後の税制は、仕組みが従来と変わっておらず、「103万円の壁」から「150万円の壁」にシフトしたに過ぎません。「専業主婦」に与える「補助金」的な性格はそのまま温存されていると言えます。むしろ、夫の所得税優遇をフルに享受できる主婦パートの対象が拡大されていますので、より多くの女性が正社員の仕事を辞めて「専業主婦」コースを選ぶ可能性すらあります。

社会保障制度の「罠」

現行の公的年金と医療保険制度もまた、パート主婦を含む広義の「専業主婦」にとって、有利な制度となっています。現在、厚生年金や共済年金に加入している会社員の配偶者は、年収が130万円以下であれば、「第3号被保険者」として認定されます。その場合、妻は社会保険料を負担する必要はありませんが、老齢基礎年金を受け取ることができ、夫と同じ公的医療保険サービスを受けることができます（【表8－1】）。

会社員の男性と結婚し、20歳から「第3号被保険者」となり、そのまま60歳まで「第3号被保

【表８－１】　パート主婦の税込年収と手取り年収の関係

パート主婦の税込年収	主婦の手取り年収
100万円以下	主婦の年収
100万円を超え103万円以下	主婦の年収－住民税　※年間数千円程度
103万円を超え130万円未満	主婦の年収－（住民税＋所得税）
130万円以上201万円以下	主婦の年収－（住民税＋所得税＋社会保険料）
201万円を超える	主婦の年収－（住民税＋所得税＋社会保険料） ※夫の住民税・所得税の配偶者特別控除はなくなる。

注：2019年６月時点の制度。従業員501人以上の大企業勤務１週間あたりの所定労働時間が20時間以上の場合、130万円ではなく106万円から社会保険料が加算される（2016年10月からの新制度）。

険者」として国民年金に加入する女性の例を見てみましょう。彼女は、40年間いっさいの保険料を負担しなくても、65歳から満額の老齢基礎年金（2019年4月現在、月額6万5008円）を受け取ることができます。また、全期間において、彼女は保険料負担なしで公的医療保険制度を使うことができます。

一方、妻のパート年収が130万円（大企業勤務の場合、106万円）以上になると、その身分は「第3号被保険者」から「第1号被保険者」に変わり、社会保険料の負担が発生しますが、将来受け取れる老齢基礎年金額や医療保険サービスの内容にほとんど変化がありません。そのため、130万円～150万円のパート年収は、「レッドゾーン」とも呼ばれ、妻が限度額ギリギリ（130万円未満）で働く世帯に比べ、夫婦合わせての手取り収入がかえって減ってしまうという逆転現象が起こります。つまり、レッドゾーンでは、「働き損」の制度となっているのです。

配偶者手当の「罠」

公的制度だけではなく、民間企業の手当制度にも「罠」があります。その代表的なものは、夫の会社から出る「配偶者（家族）手当」制度です。会社によっては配偶者手当自体がない場合もありますが、配偶者手当の受取額がしばしば配偶者控除の節税額よりも高いため、その影響も大きいのです。

配偶者手当制度は、専業主婦を優遇する国の制度と整合的な民間制度の1つです。専業主婦の内助の功で夫の労働生産性が向上し、企業への貢献度が高まることへの報酬として、高度経済成長期以降に民間企業に定着した制度と言われています。人事院「職種別民間給与実態調査」によれば、配偶者手当制度を実施している民間事業所（50人以上規模）の割合は、現在7割程度まで下落していますが、2000年代初頭までは、実施割合は9割近くに上っていました。その水準は、事業所平均（2014年）で月1万7282円（年額約21万円）で、家計にとっては無視できないほど重要な収入源です。配偶者手当は一般的に、「所得税法の配偶者控除」または「健康保険の被扶養者」の対象であることを支給条件にしています。同人事院調査によれば、2016年当時、50人以上規模の民間事業所の67％は配偶者手当制度がありました。そのうち、配偶者の収入による制限がある事業所は85％に上ります。収入制限の額としては「103万円」が66％、「130万円」が30％となっています。[5][6]

配偶者手当の収入制限額は、公的制度の基準を援用しているものの、公的制度の改革と連動した金額改定は必ずしも行われていませんでした。例えば、所得税法上の負担軽減対象となる妻の所得ラインは、当初の「103万円」から、1987年には配偶者特別控除制度の導入により「141万円」へ、そして2018年1月には「201万円」へと大きく引き上げられていきました。それにもかかわらず、配偶者手当の支給基準が「103万円」のままとなっている企業が未だに7割近くあるのです。

近年、自動車業界のトヨタ、ホンダなど、配偶者手当を子供手当に移行させる大企業も一部出ていますが、現行の配偶者手当制度を見直す予定のある企業は、全体の9%しかありません。そのうち、「収入制限の廃止」を検討している企業は2%に満たないのです。(7)

見えざる「103万円の壁」

昨今の制度変更により、税制上の「103万円の壁」がほぼ解消され、「働き損」のレッドゾーンもかなり縮小されました。しかし、従来の所得税制が残した「心理的な壁」、ならびに民間の配偶者手当制度の影響により、妻が就労収入を103万円以内に抑えようとする動機は、依然として強いものと思われます。

内閣府『男女共同参画白書』(2013年度版)によれば、30歳以上の有配偶女性の年収は今も100万円前後に集中しています。JILPT調査によれば、契約社員、派遣社員、パートなど非正社員として働く有配偶の母親、いわゆる「非正規・パート主婦」の7割は、配偶者控除の収入限度額である103万円以内で働いています。社会保険料負担が免除される「第3号被保険者」の収入限度額である130万円未満で働く者と合わせると、「非正規・パート主婦」の約8割は、いずれかの限度額内に収まる収入額で働いています（【図8－1】）。

【図8－1】　非正規・パート主婦の年収分布

(%)

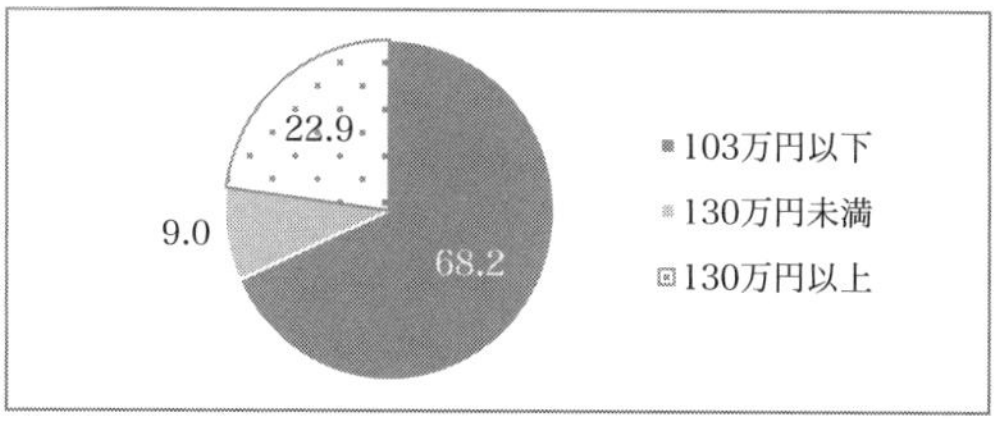

出典：JILPT「子育て世帯全国調査2016」より筆者が集計（働く有配偶女性に限定）。

意図せずに「専業主婦」コースに誘導

一定収入以下の有配偶女性に対する税や社会保障の優遇政策は、「専業主婦」コースを選ぶ際に発生する所得減を緩和する働きがあります。このため、政府が意図しているかどうかはわかりませんが、日本の女性たちが「就業継続」コースよりも「専業主婦」コースを選ぶよう、誘導する効果があります。

身近な例に置き換えて想像してみましょう。「就業継続」コースは、多くの身体的・精神的負担が伴います。せっかく仕事に復帰しても、いつの間にか補佐的な仕事ばかりが与えられて出世コースとは縁遠くなり、キャリアの展望が見えなくなることもあります。いわゆる「マミー・トラック」というキャリアコースに乗せられることです。子育て期とキャリアの停滞期がちょうど重なり、同期の男性よりも配置と昇進の面で不利となり、仕事にやりがいを感じられなくなる女性も多いことでしょう。

「専業主婦」コースを選択すれば、こうした葛藤からある意味で解放されます。むろん、その対価は、所得の減少です。専業主婦になった期間、賃金収入を失うだけではなく、仕事復帰後の収入も本来よりも低いことでしょう。専業主婦を選択することによって失われた逸失所得のことを、経済学では「機会費用」と呼びます。機会費用の中では、仕事復帰後における将来収入の低下が特に大きいことが知られており、「専業主婦」コースを選ぶことは、生涯で億単位の逸失所得が発生することもあります（詳細は第5章「ズレ」を参照）。

問題は、こうした機会費用は、生涯にわたり少しずつかかるものであり、その金額の大きさが意識されにくいことです。一方、税や社会保障の優遇政策の恩恵は、機会費用に比べれば金額がはるかに及ばないものの、とても身近で金額もはっきりと分かります。

将来の高収入を選ぶか、現在の身体的・精神的負担減を選ぶか。長いタイム・スパンで考えれば、「就業継続」コースを選ぶ方が、より高い収入と消費水準を享受できます。一方、短いタイム・スパンで考えれば、身体的・精神的負担の軽減に加え、家事生産の「帰属所得」と税や社会保障政策の優遇は大きく、「専業主婦」コースを選ぶ方が有利のように思えるのかも知れません。経済学の用語で、将来の消費よりも、現在の消費を好む程度を「時間選好率」と呼びます。一般的には、時間選好率の高い人ほど、短いタイム・スパンで物事を決める可能性が高くなります。

「欠乏の罠」

時間選好率には大きな個人差があり、貧しく学歴の芳ばしくない人ほど時間選好率が高いことがアメリカの研究によって知られています。(8) 貧困主婦の話に当てはめると、彼女たちは時間選好率が比較的高いグループであり、「継続就業」を選んだ場合の長期的な「報酬」を見逃しやすく、短期的な「マイナスの報酬」を過剰意識してしまいがちです。そのような現象に対して、行動経済学的には、「欠乏の罠」という解釈があります。

子育て中の女性は、時間に追われている感覚を強くもっています。子どもの食事づくり、授乳、おむつ替え、戸外活動、読み聞かせ、入浴、添い寝など、日常の子育て活動は、たくさんの時間を消耗します。子どもが病気になったりすると、慌ただしさがさらに増します。彼女たちは、まさしく時間的「欠乏」の状態にあります。

時間的「欠乏」は、お金を使えばある程度軽減できます。日中に子どもを保育所に預けたり、ベビーシッターを雇って子どもの世話を任せたり、戸外活動のできる公園や、ヘルシーでおいしい総菜を買えるスーパーの近くに住居を構えるなどして、時間の節約が可能です。

しかし、仮にお金も「欠乏」していれば、何が起きるのでしょうか。家賃の安い地域に住居を構えるとします。すると、近くには、公園もスーパーも少ない場合が多いため、通うまでの時間が余計にかかります。収入が少ない中、食費を抑えようと、特売日を狙って一層遠くの激安スーパーまで買いに行くこともあるでしょう。

つまり、時間の「欠乏」はお金である程度解消できますが、お金が「欠乏」していれば、時間の「欠乏」にさらに拍車がかかるのです。お金と時間の「欠乏」は、人との付き合いを制約して、社会関係の「欠乏」を呼びます。社会関係の「欠乏」は、情報の「欠乏」に繋がります。情報の「欠乏」はさらなるお金の「欠乏」を招きます。

「貧困は、生活におけるほぼすべての側面において『欠乏』を呼び寄せてしまう」と、行動経済学者センディル・ムライナタン（ハーバード大教授）と心理学者エルダー・シャフィール（プリンストン大教授）がその著書で指摘しているように、貧しい人ほど「欠乏の罠」に陥りやすくなります。

ムライナタン教授らはさらに、貧困に伴う種々の「欠乏」に囲まれる中、人々は別の新しいことに関わる余力、いわゆる脳の「帯域幅」が、不足しがちになると指摘しています。脳の「帯域幅」は、人々の知力や、新しい情報を処理する能力を指します。それが不足していると、人々は情報を収集する能力、計画や立案する力、とくに長いタイム・スパンを見据えてのプランニング能力が弱くなります。これは、行動面の「失敗」を招いてしまいます。

アメリカの糖尿病患者を例にあげましょう。糖尿病は、昏睡、失明、足の切断や突然死を招くほどの恐ろしい病気ですが、正しく服薬すれば病状を有効にコントロールできることが知られています。言い換えれば、服薬には長期的には大きな「報酬」が見込めるのです。それにもかかわらず、薬の服用を怠る患者が多い。とりわけ低所得の患者ほど、服薬率が低く、糖尿病の進行が早いのです。お金の問題ではありません。低所得の患者には、メディケイドという無料の医療制度があり、自己負担ゼロで薬が入手できます。薬の費用的負担よりも、苦しい、面倒くさいなど服薬に伴う短期的な「マイナスの報酬」があり、それを患者たちが乗り越えられないことに服薬管理がうまくいかない理由があると考えられます。低所得の患者ほど、その短期的な「マイナスの報酬」に左右される傾向が強く、薬の服用を怠るという行動面の「失敗」を起こしやすくなります。

「貧困なのに専業主婦」は一種の行動面の「失敗」

専業主婦の話に戻ると、「貧困なのに専業主婦」という状態も、一種の行動面の「失敗」として捉えることができます。貧困は、栄養、健康、児童虐待、教育などさまざまな側面において、子どもにとってはきわめて不利な成長環境です。中長期的には、貧困家庭の母親が保育所を利用して働きに出ることは、子どもの健康や教育に良い影響を与えることが分かっています（詳細は第4章「格差」を参照）。

それにもかかわらず、子育てを理由に専業主婦を選ぶ貧困家庭の女性が大勢います。保育料が高すぎたことが原因ではありません。認可保育所の保育料は、応能負担が原則であり、貧困・低収入家庭の子どもは、無料または極めて低料金で認可保育所を利用できます。認可保育所のサービスは、実質上、低収入家庭への高額給付と言って良いでしょう。保育所を利用しないことは、この高額給付を自ら放棄することに等しいのです。

その行動に対して、直接的には、「保育所は子供が野放しになるところ」や、「保育所のことがよく分からない」といった保育所への偏見や疎外感をあげる女性が多いことは既に触れました。これは、行動経済学的には脳の「帯域幅」の不足による行動の「失敗」と見ることもできます。

我々自身が、日々の生活において種々の「欠乏」と戦ってすでに精一杯の状態であり、脳の「帯域幅」が不足しがちな状況に置かれている時の行動を想像してみましょう。子どもを保育所に入れるためには、保育所に関する正しい情報を収集したり、保育所の希望先を絞ったり、入園申請書類を一通りそろえたり、並びに求職活動を開始したり、履歴書や就職スーツの準備をしたりするなど、一連の面倒な手続きをまず行う必要があります。脳の「帯域幅」が不足していると、こうした面倒な手続きがもたらす「マイナスの報酬」が前向きの行動を阻みます。その場合、働くことは長期的に魅力的な「報酬」をもたらすことをたとえ分かっていたとしても、実行に移すことができません。短期的な「マイナスの報酬」は乗り越えられないため、「貧困なのに専業主婦」というジレンマが生まれるのです。

離婚制度の「罠」

このように、専業主婦でいることが「最適」だと本人に思わせるような「罠」は、実に多岐にわたります。税制度の「罠」、社会保障制度の「罠」、配偶者手当制度の「罠」に加え、貧困世帯につきまとう「欠乏の罠」もあります。それだけではありません。実は、離婚制度にも「罠」があるのです。

「専業主婦」モデルが成り立つ前提条件は、婚姻関係の安定性です。家事や育児に専念する専業主婦は、自らの労働収入がないため、経済的に夫に頼らざるをえません。また、専業主婦の再就職市場は存在しているものの、キャリアブランクのない女性に比べて、復職した専業主婦の収入は低くなりがちです。稼ぐ能力の低い専業主婦にとって、離婚は生活水準の大幅な低下を招きかねません。婚姻関係の解消が危惧されるような状況下においては、女性は安心して家事・育児活動に専念することができません。

一般的に、理由の如何にかかわらず、裁判離婚が容易に認められるような社会では、婚姻関係の安定性が低いのです。その場合、女性が経済的に不利な立場になりがちな「専業主婦」モデルは成り立ちにくいと考えられます。逆に、裁判離婚に際して理由が厳しく問われ、経済力の低い側に対する法的保護が充実している社会（日本はそれに当てはまる）では、婚姻関係の安定性が相対的に高いのです。そのため、一般的に、裁判離婚に対する制度的障壁が高い国ほど、女性がより安心して家事・育児活動に専念することが知られています(9)。

実際、日本では、片方が離婚に反対した場合の裁判離婚では、浮気や不倫など、夫婦の婚姻関係が完全に破たんしている証拠の提示が求められるため、なかなか離婚が認められません。また、離婚になった場合に、子どもの親権は、原則として母親に認められるという司法の判断も、男性にとって離婚の高い障壁となっています。欧米では、離別した父親は、子どもたちと面会交流を継続することが一般的ですが、日本では約7割の離別父親は子どもとの交流が断ち切られています（JILPT「子育て世帯全国調査2016」）。つまり、大多数の日本男性にとって、離婚は同時に親子間の縁の断絶を意味しています。これでは、離婚の代償はあまりにも大きいものといわざるをえません。

離婚の障壁が高いことから、日本は長期にわたって先進国の中で最も離婚率の低いグループに入っています。1980年以前の日本の離婚率は、人口1000人あたりで0・7人〜1・2人という低さでした。2011年時点で、日本の離婚率は1・9人まで上昇したものの、主要7カ国の中ではイタリアに次ぐ2番目の低さです。15歳未満の子どものいる日本女性の就業率（61%）も、同じく主要7カ国中2番目の低さとなっています（【図8−2】）。[10]

日本と類似している国として、イタリアが挙げられます。イタリアでは、裁判離婚が簡単ではなく、人口1000人あたりの離婚率は0・9人という低さです。このため、15歳未満の子どものいるイタリア女性の約半数は、専業主婦となっています。一方、双方の合意がなくても裁判離婚が簡単に認められる国の代表は、アメリカです。アメリカでは、人口1000人あたりの離婚率は3・6人で、先進国の中ではもっとも高い部類に入ります。15歳未満の子どものいるアメリカ女性のうち、専業主婦は3人に1人程度であり、就業女性のほとんどはフルタイム就業者です。

【図８－２】　離婚率（人口千対）と女性就業率（%）の散布図（2006-2014年）

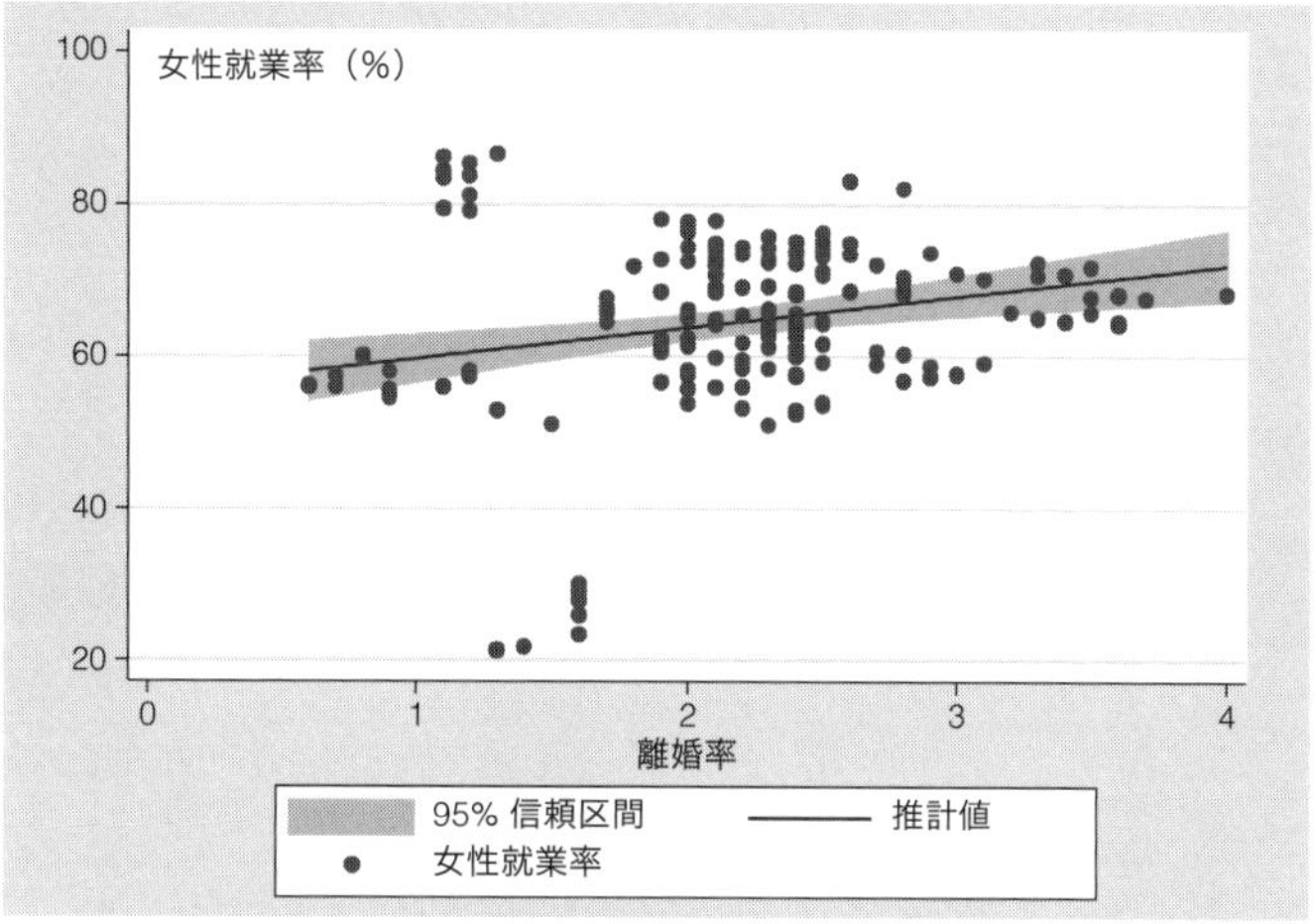

（再掲）主要7カ国の状況（2011年）				
	離婚率（人口千対）	女性就業率（%）	フルタイム（%）	婚外出産率（%）
イタリア	0.9	54.4	34.1	23.4
日本	1.9	60.6	33.8	2.2
フランス	2.1	71.9	53.6	55.8
イギリス	2.1	64.2	30.0	47.3
ドイツ	2.3	69.2	27.6	33.9
アメリカ	3.6	64.2	51.2	40.7
カナダ	NA	73.0	56.0	33.4

出典：OECD Family Database。日本の数値はJILPT「子育て世帯全国調査（2011,2012,2014）」より筆者が作成。OECD35カ国における2006-2014年（一部不明の年あり）の離婚率と0-14歳の子どものいる15-64歳女性の就業率についての散布図。

注：⑴カナダとアメリカは、それぞれ0-15歳児童と0-17歳児童についての女性就業率。

⑵週あたり就業時間数が30時間以上の場合を「フルタイム」として定義している。

⑶「95%信頼区間」とは、真の値が入る確率が95%の区間のこと。

白人女性に限定すれば、専業主婦比率はもっと低くなります。

ＯＥＣＤ35カ国における離婚率と女性就業率の散布図をみると、離婚率の高い国ほど、女性の就業率が高くなる傾向が窺えます。単回帰分析と呼ばれる統計分析を行うと、離婚率が1ポイント上昇すると、女性就業率が４・1ポイント上がることがわかります。主要先進国の７カ国について限定して見てみても、離婚率と女性就業率の間には正の相関があります[11]（【図８－２】）。

離婚障壁は、専業主婦にとっては一種の「セーフティネット」となっています。男女間の経済格差が著しい日本社会においては、離婚障壁は女性保護のために必要な社会制度とも言えます。他方、高い離婚障壁の存在が、「専業主婦」モデルを助長しているという側面も否めません。それゆえ、離婚障壁の善悪を一様に決めることは難しいのです。女性保護の視点から考えれば、アメリカのように離婚しやすくした方が良いとも言えません。脱「専業主婦」モデルは、女性の稼ぐ能力の向上や、税や社会保障、配偶者手当制度などの「罠」の除去から先に着手した方が副作用も少ないのではないでしょうか。

サマリア人のジレンマ

日本では、経済的地位の低い専業主婦を守るために様々な社会制度が作られています。これは、日本社会の成熟度を現しているとの見方もできるでしょう。しかし一方、その保護の手厚さはやや度を越しており、「サマリア人のジレンマ」のような状態に陥っているとの見方もできます。

「サマリア人のジレンマ」とは、ノーベル賞経済学者ブキャナン氏の造語であり、聖書の「善きサマリア人」という物語に由来する言葉です[12]。聖書には、旅の途中で強盗に遭い、重傷を負って道ばたに倒れた男性を寛大に救助したサマリア人の話がありますが、苦しむ人々に惜しみない同情と援助を与える人物のたとえ話がそこから生まれています。ブキャナン氏は、賞賛されるべきサマリア人の善行が、困っている人の自助努力を弱め、さらなる援助への期待を助長するというジレンマを招く可能性があることを指摘します。

サマリア人のジレンマは、過保護の親子関係の説明によく用いられます。親は自分の子どもが生活に困った時には、惜しみない援助を与えようと考えると同時に、子どもにはきちんと働いて経済的に自立できるようになってもらいたいのです。ところが、子どもの方は、生活に困ったら親が助けてくれるという期待を持っていますので、仕事もせずに遊んで暮らすことになります。結局、親の子どもに対する深い愛情と惜しみない援助は、子どもを「ドラ息子」にさせてしまうという皮肉な結果を招いてしまいます。

このジレンマは、国と専業主婦の関係にも同様に適用できます。国（ここでは「親」に例えられる）は、経済的に弱い立場にいる専業主婦（ここでは「子」に例えられる）に対して、惜しみない支援（配偶者控除や社会保険料免除など）やセーフティネット（離婚障壁や年金分割制度など）を与えようと考えます。

同時に、国は専業主婦が社会に出てきて、きちんとした収入を稼ぎ、GDPに貢献してもらいたいとも考えています。ところが、専業主婦の方は、生活が困ってしまったら国が助けてくれると期待するため、利用できる「国の特典」を最大限に利用して、さまざまな理由で働くことを辞めてしまうか、働く時間を抑制します。結局、皮肉なことに、国が望む専業主婦の労働参加はいつまでも達成できず、専業主婦はいつまでも経済的に弱い立場のままでいることになります。

だとすると、専業主婦を弱い経済的立場から脱出させるためには、国はある意味でやや冷徹な態度を取る必要があります。「自分のことは自分でせよ。生活に困っても補助金を与えない」と宣言しておく必要があるのです。それに加えて、「働きに出れば、ご褒美があります」「働きに出たければ、助けてあげます」という制度も作れば、現在のジレンマは解消されていくのではないでしょうか。

(1) 国民経済計算では、市場で生産される財・サービスと代替的な農作物などの実家生産物や、持家からの住居サービスなどの「帰属所得」も広義の〝所得〟とみなしている。それは、こうした帰属所得はたとえ現金収入でなくとも、世帯の実質的な消費と結びつくという意味では通常の所得と基本的に変わらないことに基づく考えである(八代 1983)。

(2) 内閣府(2013)「家事活動等の評価について―2011年データによる再推計―」6頁。

(3) 家族扶養制度から独立して、配偶者控除制度が導入されたきっかけは、所得課税の方式が「世帯単位」から「個人単位」に変更されたことだった。その目的は自営業者世帯と雇用者世帯間の課税公平性を担保することにある。「個人単位」の課税方式では、自営業者の妻が事業に専従すると給与相当額を夫の所得から控除できるが、雇用者世帯の場合はそれができないので、配偶者控除制度で雇用者世帯の控除額を調整していた（三木義一「『配偶者控除』論争と女性の労働」、『婦人之友』２０１４年7月号より）。

（４）２０１８年度からは、パート収入が１０３万円以下であっても、夫の年収が１２２０万円を超えると配偶者控除を受けられなくなった。

（５）２０１３年以前の人事院調査では「家族手当」の支給割合のみが公表されている。ただし、配偶者を「家族手当」の支給対象とする事業所がほとんどなので、「家族手当」の支給割合は、「配偶者手当」の支給割合とほぼ等しいと考えられる。

（６）「収入制限なし」が15％ある。「働き方に中立的な制度を——配偶者手当の在り方検討会」ＪＩＬＰＴビジネス・レーバー・トレンド ２０１６年5月号、44〜45頁。

（７）人事院「平成28（２０１６）年職種別民間給与実態調査」（表12ウ）https://www.jinji.go.jp/kyuuyo/minn/minnhp/min28_index.html

（８）本節の内容は、S. Mullainathan and E. Shafir（2013）*Scarcity: Why Having Too Little Means So Much*（Times Books, NY）を参考にしている。

（９）Iversen, T. and F. Rosenbluth（2010）*Women, Work, and Politics: The Comparative Political Economy of Gender Inequality*（Yale University Press, New Haven）

（10）ちなみに、15歳未満の子どものいる日本女性の就業率はその後大きく上昇し、２０１２年には68％、２０１４年は72％となっている。しかし、その就業率の上昇を支えているのは、フルタイムの本格的な労働参加ではなく、パート主婦の増加であり、「専業主婦」モデルが主流であることは変わっていない。

（11）唯一の例外は、フランスだ。離婚率が比較的低いにもかかわらず、フランス女性のフルタイム就業率は7カ国中もっとも高い状況である。これは、そもそも婚姻関係を結ばずに、同棲関係にいるカップルが多いことが主な原因だと考えられる。

（12）Buchanan, J. M.（1975）*The Samaritan's Dilemma, in E. S. Phelps, ed., 'Altruism, Morality and Economic Theory'*（Russell Sage Foundation）pp.71–85

第9章　第三の道

常に賢い選択をするとは限らない

古典派経済学では、人々は合理的な意思決定を行い、賢い選択をすると仮定されています。しかし、現実の人間は常に合理的かつ賢い選択を行うとは限りません。大量のタバコを吸い続ける人や、ハンバーガーや揚げ物などの高脂肪・高カロリーの食品を過剰摂取する人、サブプライムローン（後述）で住宅を購入して破産に追い込まれた人、欠陥住宅を購入してしまった人など、明らかに本人のためにならない選択や行動をする人々が現実には存在します。

大量喫煙者のようにハッキリとしたケースではありませんが、女性の就業選択においても、必ずしも賢いとは言えない選択がしばしば観察されます。例えば、金銭的な損得計算を行うと、専業主婦コースを選ぶ女性は、生涯に最大2億円以上の「損」を被るという試算結果[1]もあると第5章で述べましたが、結婚や出産を機に、仕事を辞めて専業主婦になる女性がまだまだ多いのが実情です。また、働きに出さえすれば、無料もしくは極めて安い保育料で認可保育所を利用できるのに、自らその権利を放棄している貧困・低収入家庭の専業主婦も大勢います。様々な事情があるとはいえ、彼女たちは賢い就業選択をしているのかと言えば、筆者はかなり懐疑的に思わざるを得ません。

大量喫煙をはじめ、高カロリー食品の過剰摂取、サブプライムローンによる住宅の購入や女性の就業選択などの行動は、一見まったく次元の異なる話に思えますが、実はそれらの行動の間には多くの共通点があります。行動経済学の観点から見れば、そのいずれも賢い行動を起こしにくいシチュエーションであると考えられるのです。

賢く選択することが難しいシチュエーション

行動経済学の創始者の1人として知られるノーベル賞経済学者リチャード・セイラー（シカゴ大学教授）と法学者のキャス・サンスティーン（ハーバード大学教授）は、人々が賢く選択することが難しいシチュエーションには、いくつか共通の特徴があると指摘しています。具体的には、①後払い式のコスト構造、②難解さ、③低頻度、④フィードバックの欠如、⑤選択肢への不理解という5つの状況下においては、人々は失敗しかねない選択を行うリスクが高いとしています。1つずつみてゆきましょう(2)。

「後払い式のコスト構造」とは、ある行動に伴う代償が、比較的長いタイムラグを伴って発生するということです。例えば、大量喫煙や高カロリーの食事の過剰摂取といった行動がもたらす健康被害は、すぐには現れず、数年後・数十年後に現れることがしばしばです。そのため、遠い将来の事を考えず、ついつい目の前の快楽を優先しがちです。

実は、女性の就業選択にもこの後払い式のコスト構造が存在します。例えば、正社員の仕事を辞めて家事・育児に専念すれば、本人の身体的・精神的負担はすぐに軽減されるでしょう。しかしながら、第5章で論じたように、その選択に伴う逸失所得の大部分は、仕事に復帰した後に実感することになります。快楽（便益）はすぐに享受できる一方、代償（コスト）がかなり後になってから発生する状況は、失敗しかねない行動を誘発しやすいのです。

次に、「難解さ」とは、人々に選択を迫るイベントが、簡単には結果を想像できない複雑な構造になっていることを意味します。例えば、２００８年世界金融危機（リーマンショック）の発端となった前年のサブプライムローン問題が典型的です。サブプライムローンとは、低所得者層向けに、当初の2~3年間は低い固定金利が適用され、その後金利が大幅に上がる仕組みの、リスクの高い住宅ローンです。住宅価格が上昇している間は担保価値が高まり、ローンの借り換えが可能になるため、貸し倒れは免れますが、住宅価格の上昇が一旦止まると、すぐに返済不能に陥る危険性があります。しかし、米国の証券会社は複数のサブプライムローンを担保にした複雑な金融派生商品を作り、安全性の高い商品に見せかけて世界中に販売しました。その難解なリスク構造がカモフラージュの役割を果たし、安易な購入が拡大し、結果的に被害が世界中に拡散することになったのです。その後、破産に追い込まれた住宅購入者が大量に現れ、巨額の損失を被る金融機関やヘッジファンドが続出し、２００８年秋のリーマンショックを引き起こしたことは周知の通りです。

女性労働市場は、サブプライムローンほどの「難解さ」はないものの、複雑な構造を有しています。たとえば、企業が「新規学卒一括採用」によって正社員を募集する雇用慣行が依然として強いため、希望通りの収入や就労条件の中途採用求人は、非常に限られています。主婦の再就職は非正規就業が殆どで、時間あたりの賃金が低く、経験の蓄積も昇給・昇進もほとんど期待できません。仕事復帰をめぐる理想と現実のズレは大きく、35歳以上の高齢出産者、ハイスペックな女性ほど、働きたいのに働けていない人が大勢います。こうした労働市場の厳しさをきちんと理解しないまま、安易に退職を決断する人は多いと思われます。

「低頻度」とは、選択を迫られているイベントが、一生に1度、もしくは数度しかないレアなものである場合です。何でもそうですが、繰り返し選択ができる事象に対しては、人々は学習し、熟練することができます。食事づくりや買い物など、日々繰り返されている行動においては、賢く選択することは比較的容易です。しかしながら、我々の人生を大きく左右するような重大な意思決定は、しばしば一生に1度か数度かの低頻度でしか起きません。例えば、大多数の人々にとって、進学する大学を決めるチャンスは1度しかありません。芸能人の中には何度も結婚離婚を繰り返す人がいるようですが、通常の人々にとって結婚経験は、人生で1度、せいぜい2度程度のことでしょう。マイホームの購入も人生で1度か2度程度の低頻度のイベントです。同様に、女性が正社員として働き続けるか、専業主婦になるかの選択は、大多数の人にとっては、結婚や出産を機に起きる低頻度のイベントと言えるでしょう。これらの「低頻度」で発生する行動や選択は、繰り返しによる熟練を生む余地がありません。それゆえ、賢くない選択を行う可能性も高いと思われます。

「フィードバックの欠如」とは、様々な行動や選択がもたらす結果について、十分な情報を持つ機会がないことを意味します。例えば、料理づくりのように、様々な試行錯誤の結果が成功か失敗か、すぐにわかるような状況では、パフォーマンスを向上させることは容易です。行動の結果がすぐにフィードバックされるからです。一方、現実の世界では、フィードバックがすぐに得られないことが少なくありません。例えば、結婚相手の選択において、最終的にAさんを選んだ場合、得られるフィードバックはAさんとの結婚のみです。もしもBさんやCさんと結婚したらどうなっていたかを知る術《すべ》がありません。女性の就業選択も同じシチュエーションと言えます。専業主婦コースを選んだ女性は、自分がもしも就業継続した場合の結果は知りえません。逆もまた然りです。職業キャリアのような長期的なプロセスの結果については、フィードバックはとりわけ得られにくいと考えられます。

「選択肢への不理解」とは、直面している選択肢の内容について理解できていないことを指しています。例えば、外国のレストランで、見知らぬ言語で書かれているメニューを眺めても、今までに経験した食べ物の味から想像することは難しいでしょう。そこで、やむなく自分の直感を信じて選ぶことになりますが、それはしばしば大惨事？　を招くことになります。筆者の経験では、それよりも、お店に任せて「シェフのおすすめ料理」を選ぶ方がおいしいものが食べられることが多いようです。同様に、子どもを保育所に預けて働き続けるという選択肢に対して、母親自身に幼少期の保育所の利用経験がなく、周りにもその経験を伝授してくれる人がいない場合があります。つまり、就業継続コースが、彼女自身や周りの経験から想像のつかない選択肢になっているのです。人々は直面している選択肢をこれまでの経験に置き換えることができない場合、賢い選択をすることが難しくなります。

このように、女性が専業主婦コースを選ぶか、就業継続コースを選ぶかという選択に迫られている場面は、行動経済学的に見て、賢く選択することが難しいシチュエーションであると考えられます。

第三者による「おせっかい」が必要

先に挙げたセイラー教授らは、賢く選択することが難しいシチュエーションに対して、第三者による「おせっかい」が必要であると論じています。なぜならば、単に自由な市場競争にまかせていては、消費者の失敗しかねない行動をストップすることができないからです。

市場競争の中で生き残る消費者の失敗しかねない行動の例として、セイラー教授は家電製品に付けられている5年や10年の「延長保証」という保険商品を挙げています。消費者は、家電製品が延長保証の期間内に壊れる確率に関する情報を持っておらず、それを過大に評価する傾向があります。例えば、ある携帯電話が5年以内に壊れる確率は1％であるにもかかわらず、消費者は15％程度だと思い込んでいるとします。その場合、過去の統計データをもとに保証会社がかなり得になるように保証料が設定されていても、消費者は「延長保証」をつけた方が得だと判断します。しかし実際は、特殊な使い方をして高い頻度で修理が必要と見込まれる人を除けば、大多数の消費者にとって、この「延長保証」は割高になってしまいます。つまり、延長保証の期間内に壊れる確率は低く、長い目で見ると修理して支払った代金よりも、延長保証に支払った代金の方が多くなると考えられます。

しかし、このシチュエーションでは、「フィードバックの欠如」や「選択肢への不理解」により消費者が「延長保証」のメリットを過大評価してしまうのです。その結果、店員にすすめられるままに割高な「延長保証」に加入するのです。残念ながら、市場競争だけでは、フェアな水準まで保証料を押し下げることができません。販売店、保証会社、家電メーカーも、消費者に賢い選択を促す代理人（エージェント）にはなり得ないからです。この場合には、消費者庁や消費者センターが消費者の側に立って、情報提供を行ったり、何らかの規制を行うことが必要と考えられます。

それでは、賢い就業選択ができるように、女性たちに「おせっかい」をしてくれる第三者はどこにいるのでしょうか。女性の就業選択と関わりを持つ第三者といえば、家族や友人、勤務先の企業や行政が思い浮かびます。しかし、家族や友人は、「おせっかい」する能力を持っていない場合がほとんどです。勤務先も、個人に転職の自由がありますから、あまり「おせっかい」をできる立場にありません。消去法として、行政に「おせっかい」の役割が期待されることになります。

行政による「おせっかい」は行き過ぎにならないか

実際、行政による「おせっかい」は、社会的弱者、貧困者、低学歴者、社会経験の短い若年者に対しては、有利となることが多いと考えられます。一方、古典派経済学が想定するような、自分で賢い選択ができる合理的人間にとっては、行政の「おせっかい」は、選択の自由や幸福度の低下をもたらすことになります。

行政による「おせっかい」に対する主な反対意見[(3)]として、「危険な坂道」論があります。例えば、環境保護を進めるため、行政が広告などのイメージキャンペーンを展開し、個人に省エネを促すような「おせっかい」を行います。それ自体は、悪いことではありません。しかし、その「おせっかい」が行き過ぎてプロパガンダ化してしまったら、省エネを怠る人間への脅迫や強制といった悪い方向へとどんどん進む可能性があります。戦時中に日本政府がとった「産めよ、増やせよ」という政策がその典型です。はじめはスローガンに過ぎなかった「おせっかい」が、次第に国を挙げての大合唱となり、やがては適齢期の女性の自由を縛る仕組みと化し、いつしか「危険な坂道」を辿ってしまいました。

行政による女性の就業促進にも、同じような危険性が存在します。女性の就業促進自体は、日本経済にとっても本人にとっても悪い話ではありません。ただし、その「おせっかい」が行き過ぎると、「危険な坂道」へと滑り込む可能性もゼロではありません。しっかりと思慮を重ねた上で、なお専業主婦コースが望ましいとする女性もいるはずです。彼女たちまでもが専業主婦コースを捨てざるをえないほど、社会がプレッシャーを感じさせるようであれば、「おせっかい」は当然ながら行き過ぎとなります。

十人十色というように、1つの仕組みをすべての人にフィットさせることは難しいものです（One size may not fit all.）。「おせっかい」が強制または半強制にまで発展すると、かえって社会にひずみや非効率をもたらします。行政の「おせっかい」はまず、国民の幸福度向上（少なくとも国民の便益に被害をもたらさないこと）を前提としなければなりません。

それでは、失敗しかねない行動を起こす国民に対して、行政はどのように対処すれば良いのでしょうか。行政の行うべき行動に関しては、これまで主に2つの考え方がありました。1つ目は、個人生活に関わる意思決定を個人や市場に完全に委ねるべきと考える自由主義（リバタリアニズム）で、「第一の道」と呼ばれています。2つ目は、行政が国民の意思決定に全面的に「おせっかい」を行い、賢い選択ができるように父権主義（パターナリズム）を発動すべきという見方で、これを「第二の道」と呼びます。

しかし、「第一の道」も「第二の道」も、極端なスタンスと言わざるをえません。自由放任主義や市場競争に完全に委ねた「第一の道」では、国民の失敗しかねない行動をストップすることができないことは既に論じてきた通りです。一方、企業や個人の行動への過度な干渉や過剰な規制を行う「第二の道」は、国民の幸福度低下という逆効果をもたらす可能性があります。

「第三の道」

そこで、セイラー教授とサンスティーン教授が提唱しているのは、「第三の道」です。これは「リバタリアニズム」と「パターナリズム」を合わせた折衷案で、「リバタリアン・パターナリズム」と呼ばれています。個人における選択の自由を尊重しつつ、行政が情報などを提供して国民を賢い選択へと〝軽く誘導すること〟（英語で「ナッジ（ＮＵＤＧＥ）」）が推奨されるのです。なお、望ましい「ナッジ」を行うに当たっては、「デフォルト（標準選択）の設定」をはじめ、６つの大原則が有用とされています。公共政策の視点からは、それぞれ次のように解釈することができます。

① 「インセンティブの活用」

人々は、機会費用などの潜在的コストに気づかないことが多いので、行政がこれらのコストを際立たせるよう国民に示し、インセンティブ（動機付け）として活用すること。

②「マッピング知識の付与」

それぞれの選択肢におけるメリットとデメリット、どこまで満足のいく結果をもたらすかというマッピング知識、いわゆる実用的な「選択と福利の対応関係」を、国民に分からせるよう、行政が制度を導入すること。

③「デフォルトの設定」

国民が何らかの選択を行わない場合には、行政の推奨システムがデフォルトとして自動的に適用され、国民が望めばそれから離脱できる仕組みを作ること。選択することを面倒くさがる人や、予備知識や判断能力が限定的である人にとって、デフォルトの提供はより良い選択へとつながる。

④「フィードバックの提供」

行政が国民に対して、それぞれの選択を行った場合の結果を知らせるようフィードバックを与えること。国民が失敗しかねない選択をしている最中、またはしそうになる時に、警告のサインを送ることも、フィードバックの一種となる。

⑤「エラーの予期」

国民は間違いを犯すことを事前に予測した上で、行政が制度設計を行うこと。

⑥「複雑な選択の構造化」

選択肢が複数あり、選択に際して様々な要素が入りまじった場合には、選択肢を単純な構造に置き換えて、容易に比較できるようにすること。

言葉遊びのようですが、前記6原則のイニシアルを取ると、ちょうど「ナッジ」（NUDGES）というスペルにもなります。

「ナッジ」は、商業領域ではすでに広く応用されています。自動車のシートベルトの付け忘れを防ぐための警報システム（「エラーの予期」）、携帯電話の複数ある料金プランの早わかり比較表（「マッピング知識の付与」）、雑誌購読の自動更新システム（「デフォルトの設定」）、撮影の成功を知らせるデジカメのシャッター音機能（「フィードバックの提供」）、賃料、築年数、面積などの属性で住宅を検索するシステム（「複雑な選択の構造化」）は、いずれも上記原則の応用例となっています。

女性の就業選択を軽く誘導（ナッジ）する

女性の就業選択に関わる公共政策分野においても、「ナッジ」を応用する余地は存在するのでしょうか。

行動経済学では、人間の賢くない決断を誘うメカニズムとして、①限定合理性、②誘惑に弱い人間性、および③環境に流される心理の3つが存在することが知られています。それぞれの説明は以下の通りですが、「ナッジ」の応用も、この3つの特性に着目すれば良いと考えられます。

①限定合理性

「限定合理性」とは、物事が複雑になると、人々は合理的な判断を下しにくくなることを意味します。先ほども例に出しましたが、低収入層におけるサブプライムローンによる住宅の購入は、その典型例です。女性の就業選択においても、目下の就労収入や、税や社会保障の損得だけではなく、無職でいることの機会費用や、再就職時の賃金予測、子育てへの影響など、考慮すべき長期的な要素が実に多いと言えます。そのため、どちらの選択肢がベストなのかは、結論がすぐに出ないという問題があります。

例えば、キャリア女性になるかならないかのターニングポイントは、第1子を妊娠・出産した前後の就業選択とされています。その時に仕事を継続した女性は、仕事と家庭の両立に苦しむ時期はあるものの、正社員としてキャリアを積み上げ、長期的にみれば職場で活躍できることになります。一方、その時に仕事を辞めた女性は、子育てに専念する時期が得られるものの、将来的には大幅な所得低下という事態に直面することになります。現状では、専業主婦コースを選ぶ女性が依然として大多数を占めていますが、第5章でみたように、後にその決断を後悔する人も少なくありません。

彼女らはなぜ自分の決断に後悔するのでしょうか。未来に起こりうる事象を含め、それぞれの選択肢に伴う結果を完璧に予想し、メリットとデメリットを完全に把握した上での決断であれば、人々は後悔しないはずです。しかし、一人一人の将来の人生に発生する事象について、完璧に予想できるというのは、占いやファンタジーの世界にしかない夢物語です。

ですが、完璧な予想はできないものの、我々も全くのお手上げ状態というわけではありません。ビッグデータと科学的な分析手法を利用すれば、人々の将来のことについてはかなりの部分まで予想できます。1人1人の未来は分かりませんが、何万人や何十万人といった数のビッグデータがあれば、「第1子出産後に仕事を辞めた女性は○○年後に大体この程度の収入を得ている」というようなことが、かなりの確度で分かるようになります。

そこにこそ、「マッピング知識の付与」という公共政策の出番があります。個人よりも、行政はビッグデータの収集と分析に長けているからです。第1子を妊娠・出産した前後の就業選択を例にすると、行政は、ビッグデータを元に、出産年齢、学歴、職種、勤務先属性などの条件が異なるさまざまなシナリオの女性を想定して、就業継続または専業主婦を選んだ場合に、その5年後、10年後、20年後、30年後の結果がどうなるか国民に示すことができます。国民に就業選択と所得の対応関係を示せば、後悔を生むような退職行動を減らすことが期待できます。

「マッピング知識の付与」に当たっては、タイムリーな統計データベースの構築と提供、啓蒙活動の展開が必要不可欠です。具体的には、以下の3ステップに分けて進めることができます。

ステップ1：情報発信源の確立。女性就業に関する詳細かつ利用しやすいマッピング情報を随時提供するホームページを開設すること。

ステップ2：周知手段の多元化。行政の広報誌やパンフレット、テレビや本、メール、SNSなど、様々な媒体を通じて情報サイトの周知に努めること。

ステップ3：疑似体験の提供。高校や大学の進学・就職相談室、職場の休憩室、病院の産婦人科や乳幼児健診の会場など身近なところで、疑似体験のコーナーを作るなどして、マッピング知識の利用を促すこと。

②誘惑に弱い人間性

人間の意思決定は、理性や自制心だけではなく、誘惑や欲求に左右される部分もあります。誘惑に翻弄され、理性よりも欲求を優先した挙げ句、賢くない選択をしてしまうことは我々自身もよく経験することです。太ると分かっているのに、ついつい甘いものに手を出してしまう人が良い例です。成績に響くと分かっているのに、テスト前に遊んでしまう人もいます。同様に、専業主婦になるのは長期的に「損」だと分かっているのに、ストレスに耐えきれずに仕事を辞める女性が少なくありません(4)。

誘惑と戦うためには、行動経済学では「フィードバックの提供」が有効とされています。先ほどの例で言えば、甘いものを食べた翌日に、体重の変化というフィードバックを与えたらどうなるでしょう。体重増加の数値をリアルにみると、次は食べるのを控えることができるようになるでしょう。スポーツジムのランニングマシンに表示されているカロリーの消費量も、一種の「フィードバックの提供」です。走行時間とともに増えていくカロリー消費量が励みとなり、人々は「休みたい」という誘惑に打ち勝ち、もっと走ろうと頑張るのです。

それでは、女性の就業選択に対してフィードバックを与える良い手段は、存在するのでしょうか。働く女性の場合、毎月の給与明細は、良いフィードバックになるかもしれません。現在、ほとんどの会社の給与明細には、当月の賃金額しか記載されていません。そのため、手取りで月額15万円を稼いでいる女性であれば、その15万円の所得減少を退職のコストと見てしまう場合が多いのです。しかし、仮に給与明細の片隅に、「賃金額は、勤続年数と働いた実績によって増加します。現時点の賃金総額・退職金見込額および定年まで働き続ける場合の賃金総額・退職金見込額は試算できます」と記して、それぞれの試算額を示す欄を追加した場合には、どうなるでしょうか。離職の潜在コストを際立たせることになり、将来の賃金や退職金を含めた生涯所得を強く意識した就業選択を行えるようになるかもしれません。

③環境に流される心理

人間には環境に流される心理があります。例えば、ある知人はカリスマ美容師を目指したいのに、大卒の方が周囲のウケは良いとか、友達がみんな大学に進学しているとかの理由により、周りの風潮に流されるような形で、高校卒業後に私立大学文学部に進学しました。しかし、彼にとって、大学に進学するよりも専門学校に通ったり、高卒で修業に出たりする方が、夢への近道であったことは明らかです。その知人は、大学卒業後に美容専門学校に入り直して最後は美容師になれたものの、間違った進学選択による時間的、金銭的ロスが大きかったようです。

環境に流されないための決め手は、情報と経験と個人の意志です。ある物事を判断する基準となる情報と経験が不足している場合、自分の意見が定まらず、結局は他人の意見に流されるしかありません。美容師を目指す知人による無謀な大学進学という選択は、その典型例と言えます。

女性の就業選択においても、環境に流される心理が強く働く場合があります。働けば安い保育料で認可保育所を利用できるのに、自らその権利を放棄した低収入家庭の専業主婦は、その典型例と考えられます。彼女たち（その夫を含め）の多くは、専業主婦のいる家庭で育てられ、保育所を利用した経験がなかったり、保育所に関する情報が乏しかったりして、子どもを保育所に預けながら外で働くことが、そもそもイメージできないのです。知り合いなど、周りの環境では保育所を利用する雰囲気が弱いため、「出産退職→3歳までは自宅保育→3歳～5歳に幼稚園を利用」というコースがデフォルトになってしまっているのです。

こうした環境の影響を変えるために、ナッジを活用した公共政策（「デフォルトの設定」）を考えることができます。例えば、認可保育所の「お試し利用券」を発給してはどうでしょうか。認可保育所の本格利用よりもハードルを低く設けることがポイントになります。周知のように、認可保育所の本格利用を行うためには、「求職活動―保育所探し―入園申込み―入園審査―入園準備」といった一連の面倒な手続きが必要です。しかし、これらのハードルを乗り越えられない専業主婦が多いのが現状です。

そこで、役所に申請書1枚の提出で利用できる「お試し利用券」を配るのです。「1日あたり○百円、○回を上限とする」「就労体験プログラムへの参加を条件とする」といった制約を設け、簡単な手続きで保育所の利用体験や情報を得られるようにします。利用者が保育所選びに関する情報を持ってなくても、心配はいりません。システムが推奨する保育所が、デフォルトとして自動的に適用される仕組みにしておきます。このお試し利用券をきっかけに、専業主婦の女性は保育所を利用しながら働くことの経験や情報を得ることができます。そこから、求職活動や保育所の本格利用につなげていくことは容易であると考えられます。

敗者復活が難しい雇用社会での就業選択

最近では採用状況も少しずつ変化していることも確かですが、未だ正社員の「新卒一括採用」が主流であり、中途採用の枠が限られています。子育て期に家庭に入るという決断は、ある意味「専業主婦コース」への片道切符を購入したことに等しいと言えます。子育てが一段落して、キャリア女性のコースに戻りたいと思っても、なかなか希望通りにいかない人も少なくありません。

また、既に見てきたように、税や社会保障の制度的な罠や、失敗しかねない選択を誘う人間の行動メカニズムが多数存在しています。さらに、仕事を辞める決断を下す時期と、その代償を払う時期には大きなタイムラグが存在しています。自分が誤った就業選択をしたと気づく時は、キャリアコースがすでに修正不能な状態になっていることが多いのです。日本の雇用社会においては、「一度レールを踏み外すと、なかなか戻ってこられない」とも言われ、レールに戻ることは実に難しい状況です。

敗者復活の機会が少ない日本の雇用社会においては、就業選択の誤りを最小限に抑えることが、女性のキャリア形成の鍵となります。そのためには、税や社会保障の「制度的罠」の取り払い、人間の行動メカニズムに基づく「ナッジ」の導入は、望ましい改革になると考えられます。

「制度的罠」の取り払いとは、家族への生活支援制度を、女性の働き方に中立的なものに変えていくことです。現行の配偶者控除制度や第3号被保険者制度は、専業主婦に与える「補助金」的な性格を有しています。収入の限度額を引き上げるなどの部分的修正だけでは、その性格を大きく変えることはできません。制度を根本から変える「大手術」が不可欠です。

「ナッジ」の導入とは、国民に物事を判断させる情報と経験を付与することです。具体的には、①就業選択に関わるビッグデータを収集し、タイムリーな統計情報を国民に、分かりやすく、アクセスのしやすい手段と場所で提供すること、②無職でいることの潜在的コストを際立たせ、中長期的視点に立った選択を促すこと、③保育所の「お試し利用券」で保育所を利用しながら働くことの経験を与え、子育て期の就業継続のハードルを下げること、などのアプローチが考えられます。

もっとも、「制度的罠」を取り払うことと「ナッジ」の導入は、一定の効果が期待できる実現可能な政策手段であるものの、抜本的な解決策とはならないことが留意すべき点です。「制度的罠」の除去と「ナッジ」の導入がいくら進んでいても、慢性的な長時間労働、頻繁な配置転換、転勤など「場所や時間の無限定な」働き方が求められている限り、子育てしながらの就業継続にそもそも無理があります。正社員と非正社員の垣根を取り払い、短時間社員、転勤や配置転換義務のないジョブ型正社員（エリアや職種など限定）、在宅勤務可能なテレワーク社員など、柔軟で多元的な就業形態の選択が可能となるような雇用社会に移行しない限り、多くの女性が「専業主婦」コースを選び続けることでしょう。その意味では、「ワーク・ライフ・バランス型」の働き方の樹立こそが、改革の最終目標となります。なお、働き方改革を論ずる出版物はすでに豊富に存在しており、本書では紙幅の関係上割愛します。

これからの時代、総じて見て、雇用社会に留まり続けるという選択こそが女性にとっての合理的選択であり、少子高齢化社会を考えると、企業や社会にとっても、プラスであることと思います。ネックとなるのは、家庭と仕事の両立がとりわけ難しいとされる子育て初期です。この時期をどう過ごすかは、女性の職業キャリアの分かれ道になっています。この時期に、家族（とくに夫）や会社の理解と助けがとりわけ重要となります。家事・育児の負担が妻に偏るという慣習を変え、夫の家事・育児参加の機会を増やす必要があります。そのためにも、企業の理解は不可欠です。また、仕事をすでに中断してしまった場合には、必要に応じて教育機関に戻って勉強し直した上、再就職する「リカレント教育」という選択肢も広げるべきです。

女性たちは目の前のことばかりではなく、退職年齢まで見据えた中長期的視点に立って、就業選択を行うべきです。子育て期の就業は、将来のキャリアとつながっていることを念頭に置きながら、就業・不就業の選択がそれぞれもたらす可能性な結果をライフ・ステージごとにマッピングした上で、後悔のない選択を行うことが大切なのです。

（1）本書の試算結果（第5章）、橘玲（２０１７）『専業主婦は2億円損をする』（マガジンハウス）。

（2）出典：R.Thaler and C. Sunstein（2008）*Nudge : Improving Decisions about Health, Wealth and Happiness*（Yale University Press）

（3）その他の反対意見として、そもそも「人々は間違いを犯す権利を持っている」ことを唱える者もいる。また、間違いを犯すこと自体が学習の過程であるとの意見もある。

（4）日本女子大学岩田正美名誉教授と大沢真知子教授の率いる研究班の調査によれば、高学歴女性が仕事を辞める最大の理由は、「子供」でも「結婚」でもなく、「仕事への行き詰まりや不満」とのこと（岩田・大沢２０１５）。

あとがき

本書をほぼ書き終えた頃、季節はすっかり冬へと変わっていました。肌寒い中、私はシングルマザーの方々にインタビューするために、首都圏の町を駆け回っていました。元々はシングルマザーの就業と貧困問題を調べることが目的の調査でしたが、私の頭の中ではしばしば彼女たちに専業主婦の姿を重ね合わせていました。今は働いていますが、過去は専業主婦であったインタビュー対象者が非常に多かったからです。

シングルマザーの経済的困窮は、ある意味日本社会に根付いている「専業主婦」モデルの副産物と言えるのではないでしょうか。子育て中心の生活をしてきた彼女たちにとって、大黒柱である夫の退場は、生活の基盤を根本から揺るがす事態です。仕事の準備がきちんとできていないまま、突然、家計を支える立場になることが多いのです。キャリアも職業技能も乏しく、自分に適した仕事とは何かも分かりません。そのような状況下では、シングルマザーが手に入れられる仕事は、低賃金で不安定なものになりがちです。実際、シングルマザーの就業率は8割を超えているにもかかわらず、半数以上の人が貧困層に陥っています。

「専業主婦」モデルを選んだ女性は、離婚リスクにとても脆いのです。裁判離婚の壁が高いという制度的保護はあるものの、離婚の危機は無防備のうちに訪れる場合が実に多いのです。ある女性は子どもの心臓病手術をめぐる意見の不一致で夫婦別居となって離婚、ある女性は夫の突然にエスカレートした大量飲酒と暴言におびえて実家に逃げて離婚、ある女性は生活環境の急変で夫と険悪な関係になって離婚……インタビュー対象者の離婚理由は千差万別ですが、いずれも慌ただしい中での協議離婚ばかりでした。

もちろん、シングルマザーになったことは、元専業主婦を再就職させる唯一のシナリオではありません。夫の病気やリストラ、子どもの教育費稼ぎや、家計の補てんなど、女性が再就職を目指す理由は多岐にわたります。彼女たちをみれば、若いときにキャリアを続けていたら良かったのに、と思う人も多いはずです。しかしながら、キャリアを継続するためには、多くの葛藤を乗り越える必要があります。「子どもとの時間が十分に取れなかった」、「子どもに申し訳ないことをした」という罪悪感を抱きがちです。また、体の不調や疲れでぎりぎりの精神状態になったり、仕事にやりがいを感じられない人も多いでしょう。そうしたことから、今までの仕事観に対する揺らぎが生じ、途中から「専業主婦」に転じる方が多いのではないでしょうか。

私自身も、そのような内心の激しい揺らぎを経験したことがあります。２００９年夏、９歳の長女と３歳の長男を抱えながら、１年間滞在したアメリカから帰国した後のことでした。長男が待機児童となったことがきっかけでした。

年度途中ですから、認可保育所にはもちろん入れません。東京都認証保育所など、10カ所以上の無認可保育所にも申し込みましたが全滅で、キャンセル待ちのリストにすら載せてもらえないところもありました。長男は年齢的に育児休業制度が適用されないため、しばらくは夫と交代で年休を取り、自宅で保育せざるをえませんでした。その間、認可保育所の一時保育を週3回まで利用できましたが、利用する都度、保育士もわが子の荷物の置き場所も遊び相手も変わっていました。同年齢の子どもたちが楽しく遊んでいる園庭を横目に、狭い部屋で1日過ごす長男をみて、迎えに行く私は切ない思いでいっぱいでした。

そういった状況が2カ月ほど続く中、長男の表情は日に日に暗くなり、口数も少なくなっていきました。一時保育で子どもの性格が歪んでしまうのではないかと、私は自責の念と焦燥感に駆られてしまいました。レギュラーベースの保育が必要と痛感し、最後の望みをかけて空きのある市内唯一のベビーホテルを見学に行きました。

しかし、そこで見たのは、より一層厳しい状況でした。1つの大部屋に大勢の異なる年齢層の子どもたちがいて、保育士は男性園長と20代の若い女性だけという状況。床とテーブルは黒ずんでいるような感じで、段ボールやおむつが部屋の隅に無造作に置かれていました。子どもたちの泣き喚く声が部屋の中に響き渡っていました。男性園長が見学の対応をしている間に、女性保育士はひどく疲れた表情で、背中に赤ちゃんをおんぶして、腕にも子どもを抱きながら、他の子どもの面倒をみていました。私は、思わず目を閉じて、長男に待ちかまえる「レ・ミゼラブル」的な生活を想像してしまいました。我々の検討した保育施設がどこも満員だった中、ここだけは空きが残っている理由は明らかでした。

一時保育か、劣悪な条件のベビーホテルか、どちらかを選ばなければならないという状況の中、私は仕事を辞める覚悟でした。心身ともにぎりぎりの状態だったので、キャリアを一時中断して、専業主婦になる選択肢しか考えつきませんでした。しかしラッキーなことに、土壇場になってやっとキャンセル待ちの東京都認証保育所から空きが出たという連絡がありました。おかげで、私は仕事を辞めずに済みましたが、本当に間一髪のような状況でした。

一旦専業主婦になってしまうと、仕事復帰には多大なエネルギーが必要です。今もその時に救ってくれた東京都認証保育所には感謝の気持ちでいっぱいです。しかし、世の中には、私と似たような状況に陥り、専業主婦を選んだ、あるいは選ぶことを余儀なくされた女性は数知れません。能力があり、やる気もあるのに、労働市場で活躍の機会が与えられずに、家事と育児に忙しく、低賃金のパートで職業生涯を終える女性が大勢います。欧米の先進国に比べて、日本女性はとりわけ、専業主婦からなかなか抜け出せない傾向があると思われます。

目先の損得を考えれば、専業主婦を選ぶ方が有利に思えるかもしれません。それは、高収入の夫を持つ女性に限定した話ではなく、低収入の夫を持つ女性にも当てはまります。実際、世間がイメージしている裕福な専業主婦は一握りに過ぎず、大多数は経済的余裕のあまりない家庭の女性が、専業主婦を選んでいます。中には、夫の収入が貧困線以下にもかかわらず、専業主婦を続けている女性もいます。

くり返しになりますが、一般家庭の専業主婦に比べて、貧困専業主婦は経済的資源が乏しく、子どもたちは「食」「健康」「ケア」「教育」などの多方面にわたり、厳しい格差に直面しています。そのうち、貧困専業主婦は非貧困専業主婦に比べ、母親による「育児放棄」の発生率が2倍以上であることがとくに注目に値する結果です。両親による痛ましい児童虐待死事件が相次いでいる中、新たな被害者が生まれないよう、貧困専業主婦家庭にも目を向けなければならないことは言うまでもありません。

しかし、こうした格差に耐えながらも、専業主婦を続ける女性にはそれぞれ理由があります。自身がメンタルの問題を抱えている、子供が待機児童である、病気の子供や親の介護が必要であるなど、働きたくても働けない「やむをえない理由」を持つ割合は、全体の2～3割程度に過ぎません。残りの大多数の人々は、働けるのに自ら専業主婦を選んでいる人たちなのです。そのような人々が専業主婦を選択する理由の多くは、「子育てに専念したいから」というものです。

彼女たちは一見、自らの意思で「合理的」な理由により専業主婦を選んでいるようにみえます。しかし、専業主婦を続けることで失う所得（逸失所得）を考えれば、彼女たちの選択は長期的には経済的合理性に欠けていると言えます。また、貧困に伴う金銭的、時間的、体力的「欠乏」に直面する中、彼女たちは情報収集能力、計画や立案する能力、とくに長いタイム・スパンを見据えてのプランニング能力が低くなりがちです。その結果として、賢い就業選択を行えなくなっていると考えられます。

彼女たちが賢い就業選択を行うことができるように、行政は第9章で述べた「NUDGE（ナッジ）」を使って、軽く政策誘導する必要があるでしょう。

紙面の制約と著者の非力ゆえ、論じ残した課題は多くあります。例えば、女性就業を阻害する無償労働に関する議論は省略せざるを得ませんでした。日本では、家事、家族の介護、学校と地域の見守り役など数々の無償労働が女性ばかりに集中する傾向があります。そのため、女性が働けば働くほど、家事と仕事の二重の負担が重くなりがちです。女性の無償労働の負担をいかに減らすかということは、今後の重要な政策課題です。

その他、所得再分配や、格差の世代間連鎖も、貧困専業主婦問題に関係する重要な政策課題です。彼女たちの就業意欲を阻害せずに、貧困家庭への所得再分配を促す政策手段は何か、格差が親世代から子ども世代にどの程度継承され、そのルートはどのようなものなのかなど、深く探求すべきテーマはまだまだたくさん残っています。これらの残された課題については、後日、別の機会に論じることができればと考えています。

この本を執筆するにあたって、いろいろな方々のお力添えをいただきました。ＪＩＬＰＴの樋口美雄理事長、首都大学東京の阿部彩教授と千葉大学の大石亜希子教授をはじめ、JILPT「子育て中の女性の就業に関する調査研究」に参加したメンバーの方々からは、研究内容について多くの建設的な助言をいただきました。日本女子大学現代女性キャリア研究所の御手洗由佳氏と東京大学大学院の品治佑吉氏には、一部の章の校正を手伝ってもらいました。ここに記して感謝を申し上げます。

また、新潮選書編集部の今泉正俊氏にも感謝を申し上げたいと思います。本書の執筆を提案いただいたことに始まり、進捗管理から、執筆内容の確認と具体的な提案まで、今泉氏の誠意あふれる協力を得ることが出来ました。もちろん、ありうべき誤りは、すべて筆者の責任にあることは言うまでもありません。

最後に、私の執筆活動をサポートしてくれている家族にも感謝したいと思います。夫の鈴木亘には、一般書の取りまとめ方について多くの助言をもらいました。3人の子どもを育てながら働いている自分自身の経験も、本書の論点整理に大いに役立ちました。

2019年初夏

周　燕飛

主な参考文献

岩田正美・大沢真知子（２０１５）『なぜ女性は仕事を辞めるのか―５１５５人の軌跡から読み解く』青弓社
金森トシエ・北村節子（１９８６）『専業主婦の消える日』有斐閣
周燕飛（２０１５）「専業主婦世帯の貧困：その実態と要因」RIETI DP15-J-034
橘木俊詔（２０１７）『子ども格差の経済学』東洋経済新報社
筒井淳也（２０１６）『結婚と家族のこれから 共働き社会の限界』光文社新書
藤井治枝（１９９５）『日本型企業社会と女性労働―職業と家庭の両立をめざして』ミネルヴァ書房
藤井治枝（２００２）『専業主婦はいま―多様化と個性化の中で』ミネルヴァ書房
耳塚寛明編（２０１４）『教育格差の社会学』有斐閣アルマ
八代尚宏（１９８３）『女性労働の経済分析―もう一つの見えざる革命』日本経済新聞社
ＪＩＬＰＴ（２０１４）「子育て世帯の追跡調査（第１回：２０１３年）―２０１１・２０１２年調

査との比較―」ＪＩＬＰＴ調査シリーズNo.115
ＪＩＬＰＴ（２０１７）「子育て世帯のディストレス」労働政策研究報告書No.189
S. Mullainathan and E. Shafir（2013）*Scarcity: Why Having Too Little Means So Much*（Times Books, NY）
R. Thaler and C. Sunstein（2008）*Nudge: Improving Decisions about Health, Wealth and Happiness*（Yale University Press）

新潮選書

貧《ひん》困《こん》専《せん》業《ぎょう》主《しゅ》婦《ふ》

著　者……………………周《しゅう》　燕《えん》飛《び》

発　行……………………2019年7月25日

発行者……………………佐藤隆信
発行所……………………株式会社新潮社
〒162-8711 東京都新宿区矢来町71
電話　編集部 03-3266-5411
読者係 03-3266-5111
https://www.shinchosha.co.jp
印刷所……………………株式会社光邦
製本所……………………株式会社大進堂

乱丁・落丁本は、ご面倒ですが小社読者係宛お送り下さい。送料小社負担にてお取替えいたします。価格はカバーに表示してあります。

ISBN978-4-10-603844-0 C0336

怯《おび》えの時代　内山節

これほど人間が無力な時代はなかった。個人、国家、地球、それぞれのレベルで解決策がないことに気づき始めている。気鋭の哲学者が、「崩れゆく時代」を看破する。《新潮選書》

新・幸福論　内山節
「近現代」の次に来るもの

たどり着いたのは豊かだが充足感の薄い社会。いま近現代は終焉に近づき、先進国での生き方が変わりつつある。時代の危機と転換を見据える大胆な論考。《新潮選書》

「里」という思想　内山節

グローバリズムは、私たちの足元にあった継承される技や慣習などを解体し、幸福感を喪失させた。今、確かな幸福を取り戻すヒントは「里＝ローカル」にある。《新潮選書》

経済成長主義への訣別　佐伯啓思

成長至上主義がわれわれに幸福をもたらすというのは大嘘である。経済学の意味とは？　成長信奉のからくりとは？――社会思想家による人間中心主義宣言。《新潮選書》

資本主義の「終わりの始まり」　藤原章生
ギリシャ、イタリアで起きていること

EU金融危機の本質とは、単なる財政破綻問題ではなく、現代資本主義が変容する前兆だ――。ローマを基点に、資本主義の「次の形」を模索する行動的論考。《新潮選書》

採用学　服部泰宏

コミュニケーション力は重視するな。人は見た目じゃない。〝お祈りメール〟は送らない――主観や慣習を排し、科学的手法で採用を分析した新学問の登場！《新潮選書》

「社会的うつ病」の治し方
人間関係をどう見直すか

斎藤　環

薬も休養もとっているのに、なぜいつまでも治らないのか。人間関係の大切さを見直し、「人《ひと》薬《くすり》」と「活動」の積極的活用と、細かな対応方針を解説する。　《新潮選書》

精神科医の子育て論

服部祥子

思春期に挫折する子どもが増えてきたのはなぜか？　成長過程で一つずつ越えねばならぬ問題点を年齢ごとに取り出し、適切な親の手助けを臨床医が語る。　《新潮選書》

なぜ日本企業は勝てなくなったのか
個を活かす「分化」の組織論

太田　肇

御社は、全社一丸となってないか？　個を活かすには、集団から人を、人と人とを「分化」させることが不可欠だ。「団結」に警鐘を鳴らす新たな組織論。　《新潮選書》

真っ当な日本人の育て方

田下昌明

「壊れた日本人」の出現は、永年受け継がれてきた育児法が、戦後日本からなくなった結果である。現役のベテラン小児科医がたどりついた「救国の育児論」。　《新潮選書》

日本の少子化　百年の迷走
人口をめぐる「静かなる戦争」

河合雅司

今日の深刻な少子化は、実は戦後ＧＨＱが仕掛けた人災だった……。明治から現在まで日本の歴史を人口の観点から顧みると、驚愕の真実が明らかになる！　《新潮選書》

「身軽」の哲学

山折哲雄

後半生は、思想や責務など、少しずつ重荷を下ろしていけばいい。旅と「うた」、「ひとり」を愛した西行、親鸞、芭蕉、良寛らに学ぶ「解放」の生き方。　《新潮選書》

世界地図を読み直す
協力と均衡の地政学
北岡伸一
ミャンマー、ザンビアから中国を見る。ジョージア、アルメニアからロシアを学ぶ。歴史と地理に精通した外交史家が、国際協力と勢力均衡の最前線を歩く。
《新潮選書》

マネーの魔術史
支配者はなぜ「金融緩和」に魅せられるのか
野口悠紀雄
いにしえより為政者たちが飲み続ける「金融緩和」という名の〝劇薬〟の効能と副作用。現代日本を熱狂させるアベノミクスの結末を、歴史が語り始めた！
《新潮選書》

冗談音楽の怪人・三木鶏郎
ラジオとCMソングの戦後史
泉麻人
トリローが戦後を面白くした！「日曜娯楽版」で幾多のヒット曲を生み、諷刺コントで政治家を激怒させ、さらにCMにTVにと大活躍した傑物、初の評伝！
《新潮選書》

レッドアローとスターハウス
もうひとつの戦後思想史【増補新版】
原武史
一九六〇年代の東京郊外、なぜ西武沿線の団地に革新思想が力を伸ばしたのか？　特急電車「赤い矢」と星形住宅が織り成した皮肉な空間を炙りだす力作評論。
《新潮選書》

修験道という生き方
宮城泰年
田中利典
内山節
日本信仰の源流とは？　修験を代表する実践者であり理論家でもある二人の高僧と「里の思想家」内山節が、日本古来の山岳信仰の歴史と現在を語り尽くす。
《新潮選書》

進化論はいかに進化したか
更科功
『種の起源』から160年。ダーウィンのどこが正しく、何が誤りだったのか。気鋭の古生物学者が、ダーウィンの説を整理し進化論の発展を明らかにする。
《新潮選書》